100 Moralejas

De la Biblia para niños

Dedicación

A los niños buscadores de sabiduría y valores: Este libro es para ti. Esperamos que las moralejas de la Biblia presentadas aquí te inspiren y te guíen en tu camino hacia una vida llena de amor, justicia y compasión. Que estas enseñanzas valiosas se conviertan en parte de ti y te ayuden a crecer como persona.

¡Que disfrutes aprendiendo y descubriendo las maravillas de la Biblia

Amanfi V.

ISBN: 9798387642319

Introducción

Bienvenidos a un mundo lleno de sabiduría y valores

Este libro presenta 100 moralejas de la Biblia para niños. Cada moraleja es una enseñanza valiosa que los niños pueden aplicar a sus vidas cotidianas.

Este libro cubre una amplia gama de temas, desde el Nuevo Testamento hasta el Antiguo Testamento, presentando las moralejas de la Biblia de una manera accesible y divertida para los niños. Cada una de estas enseñanzas valiosas ayudará a los niños a desarrollar una mejor comprensión de los valores y principios bíblicos, y a aplicarlos a sus vidas diarias.

¡Acompáñanos en esta aventura llena de sabiduría y diversión mientras descubrimos las moralejas de la Biblia!

La creación del mundo
Génesis 1:1-31

Había una vez un gran artista llamado Dios que decidió crear un mundo maravilloso en solo siete días.

El primer día, Dios pintó la luz y la oscuridad. Luego, en el segundo día, dibujó el cielo azul. El tercer día, modeló la tierra, los mares y plantas hermosas.

En el cuarto día, Dios colocó el sol brillante, la luna suave y las estrellas centelleantes. El quinto día, llenó los mares con peces y el cielo con pájaros cantores. En el sexto día, creó animales asombrosos y a dos seres vivientes, Adán y Eva, para cuidar la tierra.

Al final, en el séptimo día, Dios descansó, feliz de haber creado un mundo lleno de maravillas.

Moraleja: *Cada parte del mundo es especial y única, como los colores en un arcoíris. Al igual que Adán y Eva, debemos cuidar y proteger nuestra hermosa casa, la Tierra, y ser agradecidos por todas las cosas increíbles que Dios ha creado.*

Adán y Eva en el paraíso

(Génesis 2:4-25)

Había una vez un hermoso jardín llamado Paraíso, donde vivían Adán y Eva, los primeros niños creados por Dios. Estaban rodeados de árboles frutales, flores coloridas y animales amigables.

Dios les dijo a Adán y Eva que podían disfrutar de todo en el Paraíso, excepto de un árbol especial: el árbol del conocimiento del bien y del mal.
Un día, una serpiente astuta convenció a Eva de que probara la fruta prohibida, y Eva compartió la fruta con Adán. Dios, al darse cuenta de lo que habían hecho, les enseñó que desobedecer tiene consecuencias, y Adán y Eva tuvieron que dejar el Paraíso.

Moraleja: *Es importante escuchar y seguir las reglas que nos protegen y nos guían. Cuando desobedecemos, debemos aprender de nuestros errores y enfrentar las consecuencias de nuestras acciones.*

Caín y Abel

(Génesis 4:1-16)

Había una vez dos hermanos llamados Caín y Abel, hijos de Adán y Eva. Caín era agricultor y Abel era pastor.

Un día, ambos decidieron ofrecerle un regalo a Dios. Caín ofreció algunas frutas y verduras, mientras que Abel ofreció lo mejor de sus ovejas. Dios aceptó con gusto la ofrenda de Abel, pero no la de Caín.

Caín se sintió celoso y enojado, así que llevó a su hermano Abel al campo y, en un momento de enojo, lo lastimó gravemente. Cuando Dios preguntó a Caín dónde estaba Abel, Caín respondió: "¿Acaso soy yo el guardián de mi hermano?"
Dios enseñó a Caín que no podía escapar de las consecuencias de sus acciones y que debía aprender de sus errores.

Moraleja: *Debemos tratar a los demás con amor y respeto, y no dejar que la envidia y el enojo controlen nuestras acciones. Además, siempre debemos cuidar y proteger a nuestra familia y amigos, porque somos responsables de cómo los tratamos.*

El arca de Noé

(Génesis 6:9–22; 7–9)

Había una vez un hombre llamado Noé, que era muy bueno y siempre obedecía a Dios. En esa época, las personas en la tierra no se comportaban bien y hacían cosas malas. Dios le dijo a Noé que construyera un gran barco llamado Arca, porque iba a llover muchísimo y causaría una inundación en la tierra. Noé y su familia trabajaron duro construyendo el Arca.

Cuando el Arca estuvo lista, Dios le pidió a Noé que metiera en el barco a dos animales de cada especie, para protegerlos de la inundación. Noé hizo exactamente lo que Dios le pidió.

Luego, comenzó a llover durante cuarenta días y cuarenta noches. El Arca flotaba sobre las aguas, y todos los animales y la familia de Noé estaban a salvo.
Cuando la lluvia cesó y las aguas bajaron, Dios le dijo a Noé que saliera del Arca. La tierra estaba limpia y fresca. Dios puso un arcoíris en el cielo como promesa de que nunca más enviaría una inundación tan grande.

Moraleja: *Siempre debemos escuchar y obedecer a Dios, incluso cuando no entendemos completamente sus planes. También, debemos cuidar y proteger a los animales y a nuestro planeta, porque somos responsables de su bienestar.*

La torre de Babel

(Génesis 11:1-9)

Había una vez, en un lejano país, un grupo de personas que hablaban un solo idioma. Juntos, decidieron construir una torre tan alta que llegara al cielo. Así podrían estar cerca de las nubes y demostrar su gran poder y habilidad.

Los trabajadores unieron sus fuerzas y comenzaron a construir la Torre de Babel. Día tras día, la torre crecía más y más. Los habitantes del lugar estaban orgullosos de su creación. Pero su orgullo fue notado por los dioses. No les gustaba que los humanos intentaran llegar al cielo y desafiar su autoridad. Por lo tanto, decidieron castigar a la gente.

Los dioses confundieron el lenguaje de los constructores, haciendo que cada uno hablara un idioma diferente. De repente, no podían entenderse entre sí. Los trabajadores se frustraron y comenzaron a discutir, lo que finalmente llevó a que la construcción de la torre se detuviera. Con el tiempo, las personas se dispersaron por todo el mundo, llevando consigo sus nuevos idiomas. La torre de Babel quedó abandonada e inacabada.

Moraleja: *La historia de la Torre de Babel nos enseña a no dejarnos llevar por el orgullo y a trabajar juntos en armonía. También nos muestra la importancia de respetar las diferencias y aprender a comunicarnos a pesar de las barreras del idioma.*

Dios llama a Abraham

(Génesis 12:1-9)

Había una vez un hombre llamado Abraham, que era muy bueno y fiel a Dios. Un día, Dios le habló a Abraham y le pidió que dejara su hogar y se mudara a una tierra desconocida. Prometió bendecir a Abraham y convertirlo en el líder de una gran nación.

Aunque Abraham no sabía a dónde lo llevaría esta aventura, confió en Dios y obedeció su llamado. Empacó sus cosas, junto con su esposa Sara y su sobrino Lot, y comenzaron su largo viaje hacia la tierra prometida.

Abraham y su familia enfrentaron muchos desafíos en el camino, pero siempre confiaron en Dios y siguieron adelante. Al final, llegaron a la tierra prometida, y Dios cumplió su promesa de bendecir a Abraham y a sus descendientes.

Moraleja: *A veces, Dios nos pide que hagamos cosas que no entendemos completamente, pero debemos confiar en Él y seguir adelante con fe. Dios siempre tiene un plan y nos guiará a través de los desafíos de la vida si confiamos en Él y le obedecemos.*

La promesa de Dios a Abraham

(Génesis 15)

Dios vio la bondad de Abraham y decidió hacerle una promesa especial. Dios le dijo a Abraham que dejaría una gran herencia a sus descendientes y que serían tan numerosos como las estrellas en el cielo y la arena en la playa. Además, a través de su familia, todas las naciones del mundo serían bendecidas.

Abraham y su esposa Sara eran ancianos y no tenían hijos, pero confiaron en la promesa de Dios y esperaron pacientemente. Después de muchos años, Dios les concedió un hijo llamado Isaac, y la promesa comenzó a cumplirse.

A lo largo de los años, la familia de Abraham creció y se convirtió en una gran nación, como Dios había prometido. Sus descendientes, incluidos Isaac, Jacob y José, continuaron confiando en Dios y siguieron sus enseñanzas.

Moraleja: *Dios siempre cumple sus promesas, aunque a veces debemos ser pacientes y mantener la fe. Al confiar en Dios y seguir sus enseñanzas, podemos superar los desafíos y recibir las bendiciones que Dios tiene preparadas para nosotros.*

El sacrificio de Isaac

(Génesis 22:1-19)

Un día, Dios puso a prueba la fe de Abraham y le pidió que sacrificara a su único hijo, Isaac, en una montaña.

Aunque Abraham estaba muy triste y no entendía por qué Dios le pedía esto, decidió obedecer. Abraham y su hijo Isaac subieron juntos la montaña, llevando leña y un cuchillo para el sacrificio.

Cuando llegaron a la cima, Abraham preparó un altar y puso a Isaac sobre él. Justo cuando estaba a punto de sacrificar a su hijo, Dios detuvo a Abraham y le dijo que no lastimara a Isaac. Dios estaba muy feliz de ver que Abraham estaba dispuesto a hacer cualquier cosa por Él, incluso dar lo que más amaba.

Entonces, Dios proporcionó un cordero para el sacrificio en lugar de Isaac. Abraham y su hijo agradecieron a Dios y regresaron a casa llenos de alegría y gratitud.

Moraleja: *La fe en Dios y la obediencia a sus enseñanzas nos ayudan a superar los desafíos de la vida. A veces, Dios nos pone a prueba para fortalecer nuestra fe, pero siempre está con nosotros y nos protegerá si confiamos en Él.*

Jacob y Esaú

(Génesis 25:19-34; 27)

Había una vez dos hermanos gemelos llamados Jacob y Esaú, hijos de Isaac y Rebeca. Aunque eran hermanos, eran muy diferentes. Esaú era un cazador fuerte y valiente, mientras que Jacob era tranquilo y prefería quedarse en casa.

Un día, después de una larga jornada de caza, Esaú regresó a casa hambriento y cansado. Jacob había preparado un delicioso guiso y Esaú le pidió un poco. Jacob, viendo la oportunidad, le dijo a Esaú que le daría algo de guiso si Esaú le entregaba su derecho de primogenitura, lo que significaba renunciar a su posición como el hijo mayor y las bendiciones que conllevaba.

Esaú, sin pensar en las consecuencias, aceptó el trato y le entregó su primogenitura a Jacob por un plato de guiso. Años más tarde, Jacob también engañó a su padre, Isaac, para recibir la bendición que debía ser para Esaú. Cuando Esaú descubrió lo que había pasado, se enojó mucho con Jacob y prometió vengarse. Jacob tuvo que huir y vivir lejos de su familia durante muchos años.

Moraleja: *Debemos tratar a nuestros hermanos y seres queridos con amor y respeto, y no aprovecharnos de ellos. Las acciones egoístas y deshonestas pueden dañar nuestras relaciones y causar conflictos en nuestras vidas. Es importante aprender a valorar lo que realmente importa y a cuidar a los demás.*

El sueño de Jacob

(Génesis 28:10-22)

Una noche mientras Jacob viajaba se detuvo para descansar. Usó una piedra como almohada y se quedó dormido bajo las estrellas. Esa noche, tuvo un sueño increíble. En su sueño, Jacob vio una escalera enorme que se extendía desde la tierra hasta el cielo. Los ángeles subían y bajaban por la escalera, yendo y viniendo entre el cielo y la tierra. Arriba en el cielo, Dios estaba de pie junto a Jacob. Dios le habló a Jacob en el sueño y le prometió que le daría la tierra en la que estaba durmiendo, que sus descendientes serían tantos como el polvo de la tierra y que serían una bendición para todas las naciones. Dios también le aseguró a Jacob que estaría con él y lo protegería en su viaje.

Al despertar, Jacob se sorprendió por su sueño y comprendió que había dormido en un lugar sagrado. Levantó la piedra que había usado como almohada, la colocó en posición vertical y la ungió con aceite como señal de respeto.
Entonces, Jacob hizo una promesa: si Dios lo protegía en su viaje y lo guiaba de regreso a casa, le sería fiel y le entregaría una parte de todo lo que tuviera.

Moraleja: *La historia del sueño de Jacob nos enseña que Dios está siempre presente en nuestras vidas y nos protege, incluso en los momentos más difíciles. También nos muestra la importancia de reconocer y agradecer las bendiciones que recibimos y de ser fieles a nuestras promesas.*

José y sus hermanos
(Génesis 37)

Había una vez un joven llamado José, que era el hijo preferido de su padre Jacob. José tenía once hermanos, pero su padre le había dado una túnica hermosa y colorida que lo hacía sentir especial. Esto provocó celos y envidia en sus hermanos. Un día, José les contó a sus hermanos un sueño que había tenido en el que sus hermanos se inclinaban ante él. Esto hizo que sus hermanos se enojaran aún más.

Una vez, mientras José buscaba a sus hermanos en el campo, ellos decidieron deshacerse de él. Lo vendieron como esclavo a unos comerciantes que iban a Egipto y luego le dijeron a su padre que José había sido devorado por un animal salvaje.

En Egipto, José enfrentó muchas dificultades, pero siempre confió en Dios. Con el tiempo, gracias a su habilidad para interpretar sueños, se convirtió en el gobernador de Egipto bajo el mando del Faraón.

Moraleja: *La fe en Dios y el perdón pueden ayudarnos a superar las dificultades y a sanar las heridas del pasado. Debemos tratar a nuestros seres queridos con amor y respeto, y aprender a perdonar para vivir en paz y armonía.*

José en Egipto

(Génesis 39-41)

Luego que José estaba en Egipto, ÉL trabajó duro y se ganó la confianza de Potifar, quien lo puso a cargo de su casa. Sin embargo, un día, la esposa de Potifar intentó engañarlo, y cuando José se negó, ella lo acusó falsamente. Potifar, creyendo a su esposa, envió a José a prisión. A pesar de estas adversidades, José nunca perdió la fe en Dios. En la prisión, continuó ayudando a los demás y fue conocido por su habilidad para interpretar sueños. Un día, el Faraón de Egipto tuvo un sueño desconcertante y nadie pudo interpretarlo. Al enterarse de las habilidades de José, el Faraón lo llamó para que interpretara su sueño.

José explicó que el sueño predecía siete años de abundancia seguidos por siete años de hambruna. El Faraón, impresionado por la sabiduría de José, lo nombró gobernador de Egipto y le dio la tarea de preparar al país para los años difíciles que se avecinaban. José demostró ser un líder sabio y, gracias a sus esfuerzos, Egipto prosperó durante la hambruna. Al final, José también pudo reconciliarse con sus hermanos y salvar a su familia.

Moraleja: *Mantener la fe en Dios, incluso en tiempos difíciles, nos puede ayudar a superar las adversidades y alcanzar grandes cosas. La sabiduría, la perseverancia y el perdón pueden llevarnos por el camino hacia la reconciliación y la felicidad.*

Moisés y su nacimiento
(Éxodo 2:1-10)

Había una vez en Egipto, un faraón malvado que temía al pueblo de Israel porque eran muchos y fuertes. Para controlarlos, el faraón decidió que todos los niños israelitas recién nacidos debían ser arrojados al río Nilo.

Un día, una mujer israelita dio a luz a un hermoso niño y no pudo soportar la idea de que su hijo corriera tal destino. Así que, con amor y cuidado, tejió una pequeña cesta y la cubrió de alquitrán para que flotara en el agua. Colocó al bebé dentro de la cesta y la dejó entre las cañas a orillas del río Nilo.

La hija del faraón fue a bañarse al río y descubrió la cesta entre las cañas. Al abrir la cesta, encontró al bebé llorando y sintió compasión por él. A pesar de saber que era un niño israelita, decidió adoptarlo y lo llamó Moisés, que significa "sacado del agua".
Moisés creció en el palacio del faraón como un príncipe egipcio, pero nunca olvidó su verdadero origen. Dios tenía un plan especial para Moisés y lo guiaría para liberar a su pueblo de la esclavitud en Egipto.

Moraleja: *La historia del nacimiento de Moisés nos enseña que, a veces, las circunstancias difíciles pueden ser parte de un plan más grande y tener un propósito. Además, nos muestra la importancia de ser valientes y compasivos, y de defender a los más vulnerables, incluso cuando no es fácil.*

La zarza ardiente

(Éxodo 3)

Luego, Moisés huyó de Egipto y vivía en el desierto de Madián. Se convirtió en pastor y cuidaba las ovejas de su suegro, Jetro.

Moisés, cuidando las ovejas en el desierto, se encontró con una zarza ardiendo que, misteriosamente, no se consumía. Al acercarse, Dios le habló desde la zarza y le encomendó la misión de liberar a los israelitas de la esclavitud en Egipto. Aunque Moisés tenía dudas sobre su capacidad para llevar a cabo esta tarea, Dios prometió estar con él y otorgarle poderes milagrosos para enfrentarse al faraón.

Moraleja: *A pesar de nuestras inseguridades, Dios puede proporcionarnos guía y fortaleza para enfrentar desafíos. Debemos estar atentos a las señales y mensajes divinos en nuestras vidas y confiar en que contamos con el apoyo necesario para superar obstáculos.*

Las diez plagas de Egipto

(Éxodo 7-11)

Cuando Dios le encomendó a Moisés la tarea de liberar a los israelitas de la esclavitud en Egipto, el faraón se negó a dejarlos ir. Entonces, Dios envió diez plagas terribles sobre Egipto para convencer al faraón de que cambiara de opinión.

1. Sangre: El Nilo se volvió sangre, afectando peces y agua.
2. Ranas: Ranas causaron caos en Egipto.
3. Piojos: Molestias por piojos en personas y animales.
4. Moscas: Moscas invadieron casas, llevando enfermedades.
5. Peste en ganado: Ganado egipcio sufrió enfermedad mortal.
6. Úlceras: Úlceras dolorosas aparecieron en piel de seres vivos.
7. Granizo: Tormenta dañó cultivos y propiedades.
8. Langostas: Devoraron los cultivos restantes.
9. Oscuridad: Egipto cubierto por oscuridad por tres días.
10. Muerte primogénitos: Última plaga, fallecimiento de primogénitos egipcios.

Después de la décima plaga, el faraón finalmente permitió que los israelitas se fueran. Moisés guió a su pueblo fuera de Egipto y comenzaron su viaje hacia la Tierra Prometida.

Moraleja: *La historia de las diez plagas de Egipto nos enseña que la justicia y la liberación pueden llegar incluso en los momentos más oscuros. También nos recuerda la importancia de ser humildes y escuchar a Dios cuando nos envía señales y mensajes en nuestras vidas.*

La salida de Egipto y el Éxodo

(Éxodo 12-13)

Después de las diez plagas, el faraón finalmente permitió que los israelitas salieran de Egipto. Moisés, elegido por Dios, guió a su pueblo en un largo viaje hacia la Tierra Prometida. Este viaje se conoce como el Éxodo.

Antes de partir, los israelitas celebraron la primera Pascua, una cena especial en la que recordaron cómo Dios los protegió durante la décima plaga. Luego, comenzaron su travesía por el desierto.

Cuando llegaron al Mar Rojo, el faraón cambió de opinión y envió a su ejército para perseguirlos. Atrapados entre el mar y el ejército egipcio, los israelitas temían por sus vidas. Pero Moisés confiaba en Dios y levantó su bastón. Milagrosamente, las aguas del Mar Rojo se dividieron, y los israelitas cruzaron a salvo. Cuando el ejército egipcio intentó seguirlos, las aguas regresaron y los ahogaron.

Moraleja: *La historia del Éxodo nos enseña la importancia de tener fe en Dios, incluso en los momentos más difíciles. También nos muestra que, con coraje y determinación, podemos superar los obstáculos y alcanzar la libertad.*

La apertura del Mar Rojo
(Éxodo 14)

Cuando Moisés guiaba a los israelitas fuera de Egipto, llegaron al Mar Rojo. Atrapados entre el mar y el ejército egipcio que los perseguía, los israelitas temían lo peor. Pero Moisés confiaba en Dios y sabía que les mostraría el camino.

Moisés levantó su bastón y, milagrosamente, las aguas del Mar Rojo se dividieron, creando un camino seco en medio del mar. Los israelitas cruzaron a salvo por el camino, mientras las aguas se mantenían a ambos lados.

Cuando el ejército egipcio intentó seguirlos, las aguas regresaron a su lugar y los ahogaron. Así, los israelitas quedaron a salvo del faraón y su ejército, y continuaron su viaje hacia la Tierra Prometida.

Moraleja: *La historia de la apertura del Mar Rojo nos enseña a confiar en Dios en momentos difíciles y a tener fe en que nos guiará a través de los obstáculos. También nos recuerda el poder del coraje y la determinación para alcanzar nuestra libertad.*

El maná en el desierto

(Éxodo 16)

Después de que Moisés guiara a los israelitas fuera de Egipto, tuvieron que enfrentarse a un largo y difícil viaje por el desierto. Pronto, se quedaron sin comida, y comenzaron a preocuparse por cómo iban a sobrevivir. Moisés oró a Dios, pidiendo ayuda para alimentar a su pueblo.

Dios escuchó las oraciones de Moisés y les envió un alimento especial llamado maná. Cada mañana, el maná caía del cielo como copos de nieve y cubría el suelo. Los israelitas recogían el maná y lo usaban para preparar sus comidas. Era nutritivo y les proporcionaba todo lo que necesitaban para mantenerse fuertes y saludables en su viaje por el desierto.

Dios les dijo a los israelitas que solo recogieran el maná suficiente para un día, excepto el día antes del sábado, cuando debían recoger el doble para que pudieran descansar en el día sagrado. De esta manera, Dios les enseñó a confiar en su provisión diaria y a no preocuparse por el futuro.

Moraleja: *La historia del maná en el desierto nos enseña a confiar en la provisión y el cuidado de Dios en nuestras vidas, incluso en momentos de incertidumbre y dificultad. También nos recuerda la importancia de vivir un día a la vez y no preocuparnos excesivamente por el futuro.*

Los diez mandamientos

(Éxodo 20:1-17)

Mientras Moisés guiaba a los israelitas a través del desierto después de escapar de Egipto. Llegaron al monte **Sinaí**, donde Dios tenía un mensaje especial para ellos. Moisés subió a la montaña y Dios le entregó diez reglas importantes, conocidas como los Diez Mandamientos. Estas reglas les enseñarían cómo vivir juntos en armonía y honrar a Dios.

Los Diez Mandamientos son:

1. No tendrás otros dioses además de mí.
2. No te harás ídolos ni los adorarás.
3. No tomarás el nombre de Dios en vano.
4. Acuérdate del día de reposo y mantenlo sagrado.
5. Honra a tu padre y a tu madre.
6. No matarás.
7. No cometerás adulterio.
8. No robarás.
9. No darás falso testimonio contra tu prójimo.
10. No codiciarás las cosas de los demás.
11.

Moisés compartió estos mandamientos con los israelitas, y se convirtieron en las leyes fundamentales que los guiaron en su relación con Dios y entre ellos.

Moraleja: *Los Diez Mandamientos nos enseñan la importancia de vivir una vida justa y respetuosa, tanto con Dios como con los demás. Siguiendo estas reglas, podemos construir comunidades fuertes y armoniosas donde todos se cuiden y se respeten mutuamente.*

El becerro de oro

(Éxodo 32)

Mientras Moisés estaba en el monte Sinaí recibiendo los Diez Mandamientos, los israelitas esperaban abajo, en el campamento. Como Moisés tardó en regresar, el pueblo se impacientó y comenzó a temer que no volvería. Entonces, le pidieron a Aarón, el hermano de Moisés, que les hiciera un dios para adorar.

Aarón recogió el oro de los israelitas y lo fundió para crear un becerro de oro. El pueblo comenzó a adorar y celebrar alrededor de este ídolo, olvidando los mandamientos de Dios y la promesa de adorar solo al verdadero Dios.

Cuando Moisés regresó y vio lo que sucedía, se enfureció. Arrojó las tablas de los Diez Mandamientos al suelo, rompiéndolas. Luego, destruyó el becerro de oro y castigó a los israelitas por su falta de fe y desobediencia.

Moraleja: *La historia del becerro de oro nos enseña la importancia de ser pacientes y mantener nuestra fe en momentos de incertidumbre. También nos recuerda que debemos obedecer los mandamientos de Dios y no dejarnos llevar por falsos ídolos o influencias negativas en nuestras vidas.*

La construcción del tabernáculo

(Éxodo 35-40)

Después de recibir los Diez Mandamientos, Dios le dio a Moisés instrucciones detalladas para construir un lugar sagrado llamado el Tabernáculo. El Tabernáculo sería el lugar donde Dios moraría entre su pueblo y donde los israelitas podrían adorarlo y ofrecer sacrificios.

Moisés compartió las instrucciones de Dios con los israelitas y les pidió que donaran materiales y habilidades para construir el Tabernáculo. El pueblo respondió generosamente, proporcionando oro, plata, telas finas y madera. Los artesanos y obreros talentosos del pueblo trabajaron juntos para crear un hermoso espacio de adoración.

El Tabernáculo incluía una tienda cubierta de cortinas, el Arca de la Alianza que contenía las tablas de los Diez Mandamientos, un altar para los sacrificios y otros objetos sagrados. Cuando se completó el Tabernáculo, una nube cubrió la tienda, y la presencia de Dios llenó el lugar.

Moraleja: *La construcción del Tabernáculo nos enseña la importancia de la unidad y la cooperación en nuestras comunidades. Cuando trabajamos juntos y compartimos nuestros dones, podemos lograr cosas increíbles y honrar a Dios en todo lo que hacemos. También nos recuerda que Dios está presente en medio de su pueblo cuando lo buscamos con sinceridad y devoción.*

La exploración de Canaán

(Números 13-14)

Después de vagar por el desierto, los israelitas finalmente llegaron a las fronteras de la Tierra Prometida, Canaán. Antes de entrar, Moisés envió a doce espías, uno de cada tribu, para explorar la tierra y traer un informe de lo que encontrarían.

Los espías regresaron después de cuarenta días y trajeron frutas enormes, demostrando que Canaán era una tierra fértil y abundante. Sin embargo, también informaron que los habitantes de Canaán eran fuertes y sus ciudades fortificadas. Diez de los espías temían que no pudieran conquistar la tierra y convencieron al pueblo de que era demasiado peligroso.

Solo dos espías, Josué y Caleb, confiaron en que Dios les entregaría la tierra a los israelitas. Pero el pueblo, influenciado por el miedo, se rebeló contra Moisés y quiso regresar a Egipto. Dios, enojado por la falta de fe de los israelitas, decidió que vagarían en el desierto durante cuarenta años antes de que pudieran ingresar a la Tierra Prometida.

Moraleja: *La historia de la exploración de Canaán nos enseña la importancia de confiar en Dios y tener fe, incluso cuando enfrentamos desafíos y obstáculos. También nos recuerda que debemos ser valientes y no dejarnos llevar por el miedo o la duda, ya que esto puede impedirnos alcanzar nuestras metas y recibir las bendiciones de Dios.*

Josué y la conquista de Jericó

(Josué 6)

Cuando llegó el momento de entrar en la Tierra Prometida, Moisés murió y Josué se convirtió en el líder de los israelitas. Dios le ordenó a Josué que cruzara el río Jordán y conquistara la ciudad de Jericó, que era una fortaleza poderosa con altos muros.

Dios le dio a Josué un plan para conquistar Jericó. Los israelitas debían marchar alrededor de la ciudad una vez al día durante seis días, llevando el Arca de la Alianza y tocando trompetas. En el séptimo día, debían marchar alrededor de la ciudad siete veces y luego tocar las trompetas con todas sus fuerzas.

Josué siguió las instrucciones de Dios, y los israelitas marcharon alrededor de Jericó como se les había dicho. En el séptimo día, después de marchar siete veces y tocar las trompetas, los muros de Jericó se derrumbaron milagrosamente. Los israelitas entraron en la ciudad y la conquistaron sin dificultad.

Moraleja: *La historia de Josué y la conquista de Jericó nos enseña a confiar en la guía de Dios, incluso cuando no entendemos completamente el plan. También nos recuerda que, con fe y obediencia, podemos superar desafíos aparentemente insuperables y alcanzar nuestros objetivos*

Gedeón y sus 300 hombres

(Jueces 7)

Gedeón fue elegido por Dios para liberar a los israelitas de la opresión de los madianitas. Aunque Gedeón no creía ser lo suficientemente fuerte, Dios le prometió su apoyo. Gedeón convocó un ejército, pero Dios quería demostrar que la victoria sería gracias a Él, no al poderío humano, así que redujo el número de soldados a solo 300 hombres.

Siguiendo el plan divino, Gedeón y sus 300 hombres se enfrentaron al ejército madianita. Dividieron sus fuerzas en tres grupos, rodeando el campamento enemigo en la noche con trompetas y antorchas ocultas en jarras. A una señal, tocaron las trompetas, rompieron las jarras y mostraron las antorchas. Los madianitas, confundidos y aterrorizados, huyeron en desorden, y los israelitas los persiguieron y derrotaron.

Moraleja: *La historia de Gedeón nos enseña a confiar en la guía y el poder de Dios en lugar de depender únicamente de nuestra propia fuerza. Con fe y obediencia a Dios, podemos enfrentar y superar desafíos, incluso cuando parecen imposibles.*

Sansón y Dalila

(Jueces 16)

Sansón fue un hombre dotado de fuerza sobrenatural, y fue elegido por Dios para proteger a Israel de sus enemigos, los filisteos. Su fuerza venía de su larga cabellera, que nunca debía ser cortada según su promesa a Dios.

Dalila, una mujer filistea, fue enviada para descubrir el secreto de la fuerza de Sansón. A pesar de que Dalila intentó varias veces averiguar el secreto, Sansón siempre la engañaba. Pero, finalmente, cedió y le reveló que su fuerza residía en su cabello.

Dalila traicionó a Sansón, cortándole el cabello mientras dormía, lo que hizo que perdiera su fuerza. Los filisteos capturaron a Sansón, le sacaron los ojos y lo encadenaron. Pero con el tiempo, su cabello comenzó a crecer nuevamente, y con él, su fuerza.

Un día, durante una celebración filistea en un templo, Sansón pidió que lo llevaran a los pilares que sostenían el edificio. Oró a Dios por la fuerza para vengarse de sus enemigos, y empujó los pilares con todas sus fuerzas. El templo se derrumbó, matando a Sansón y a muchos filisteos.

Moraleja: *La historia de Sansón y Dalila nos enseña sobre las consecuencias de romper nuestras promesas y dejarnos llevar por la tentación. También nos recuerda que, incluso en momentos de debilidad, podemos buscar la fuerza en Dios para enfrentar nuestros desafíos y redimirnos.*

Samuel, el profeta

(1 Samuel 3)

Samuel fue un profeta y líder de Israel en tiempos difíciles. Su madre, Ana, había prometido a Dios que si le daba un hijo, lo dedicaría al servicio del Señor. Cuando nació Samuel, Ana cumplió su promesa y lo llevó al templo para ser criado por el sacerdote Eli.

Un día, mientras Samuel dormía en el templo, oyó una voz llamándolo. Al principio, pensó que era Eli, pero Eli le dijo que no lo había llamado. Ocurrió de nuevo, y Eli comprendió que era Dios quien llamaba a Samuel. Eli aconsejó a Samuel que, si volvía a escuchar la voz, respondiera: "Habla, Señor, que tu siervo escucha".

Samuel siguió el consejo de Eli, y Dios le habló, revelándole que se convertiría en un líder y profeta para Israel. Samuel creció y se convirtió en un juez y consejero sabio para el pueblo, guiándolos en tiempos difíciles y ayudándolos a mantener la fe en Dios.

Moraleja: *La historia de Samuel nos enseña la importancia de escuchar a Dios y ser obedientes a su llamado en nuestras vidas. También nos recuerda que, incluso desde una edad temprana, podemos tener un impacto significativo en nuestras comunidades cuando seguimos la guía de Dios y nos dedicamos a servir a los demás.*

La unción de David

(1 Samuel 16:1-13)

David era el hijo menor de Isaí, un pastor en Belén. Dios envió al profeta Samuel a la casa de Isaí para ungir al futuro rey de Israel. Aunque Samuel pensó que el rey sería uno de los hijos mayores de Isaí, Dios le dijo que no se fijara en su apariencia, ya que Él mira el corazón.

Cuando David, un joven pastor, fue traído ante Samuel, Dios le confirmó que él era el elegido. A pesar de su juventud e insignificancia aparente, David poseía un corazón puro y lleno de fe. Samuel ungió a David con aceite en presencia de su familia, y el Espíritu de Dios vino sobre él.

David no se convirtió en rey inmediatamente. Primero, sirvió al rey Saúl, luchó valientemente en batallas y demostró su habilidad como líder. Eventualmente, después de muchas pruebas y dificultades, David se convirtió en el rey de Israel y gobernó con sabiduría y justicia.

Moraleja: *La historia de la unción de David nos enseña que Dios no juzga a las personas por su apariencia externa, sino por la calidad de su corazón. Nos recuerda que debemos cultivar la bondad, la fe y la humildad en nuestras vidas, y que, con la guía de Dios, podemos alcanzar grandes cosas, incluso si comenzamos desde posiciones humildes.*

David y Goliat

(Samuel 17)

David era un joven pastor cuando el ejército de Israel se enfrentó a los filisteos en una batalla. Goliat, un gigante filisteo, desafiaba a los israelitas todos los días, retándolos a enviar a un guerrero para enfrentarse a él en combate. Pero todos temían enfrentarse al enorme Goliat.

Un día, David fue a llevar comida a sus hermanos en el campo de batalla y escuchó el desafío de Goliat. David se ofreció valientemente para enfrentarse al gigante. Aunque era pequeño y no tenía experiencia en la guerra, tenía una gran fe en Dios.

Armado solo con una honda y cinco piedras lisas del arroyo, David se enfrentó a Goliat. Goliat se burló de David por su apariencia juvenil, pero David respondió que venía en el nombre del Señor. Entonces, David tomó una piedra, la lanzó con su honda y golpeó a Goliat en la frente, derribándolo. Luego, tomó la espada de Goliat y lo mató.

Moraleja: *La historia de David y Goliat nos enseña que, con fe en Dios y valentía, podemos enfrentar y superar desafíos aparentemente insuperables. No debemos dejarnos intimidar por el tamaño o la fuerza de nuestros enemigos, sino confiar en que Dios nos dará la fuerza y la sabiduría para vencer.*

David y Jonatán

(1 Samuel 18:1-4; 20)

David y Jonatán eran amigos cercanos a pesar de que Jonatán era el hijo del rey Saúl y David era su rival, elegido por Dios para ser el futuro rey. Jonatán admiraba la fe y valentía de David, y los dos se hicieron amigos íntimos.

Un día, Saúl, movido por los celos y el miedo a perder su trono, trató de matar a David. Jonatán advirtió a David del peligro y ayudó a salvar su vida. Luego, hicieron un pacto de amistad, comprometiéndose a cuidar el uno del otro y sus familias.

A pesar de la persecución de Saúl, la amistad de David y Jonatán nunca se quebrantó. Se apoyaron mutuamente en momentos de dificultad y celebraron juntos sus victorias. Incluso después de la muerte de Jonatán en batalla, David lamentó su pérdida y honró su amistad.

Moraleja: *La historia de David y Jonatán nos enseña sobre la importancia de la verdadera amistad y la lealtad. A través de la amistad, podemos apoyarnos y ayudarnos mutuamente en momentos difíciles y celebrar juntos en los momentos de alegría. También nos recuerda que la amistad no debe verse afectada por la competencia o la rivalidad, sino que debe ser una fuente de fortaleza y apoyo.*

Salomón y la construcción del templo

(1 Reyes 6-8)

Salomón, el hijo del rey David, se convirtió en el rey de Israel después de la muerte de su padre. Como una de sus primeras tareas como rey, decidió construir un templo en honor a Dios en Jerusalén. Reunió los recursos necesarios y convocó a los mejores arquitectos y artesanos para llevar a cabo el proyecto.

El templo de Salomón fue un gran logro arquitectónico y un lugar sagrado para la adoración. Fue construido con materiales de alta calidad, como el cedro del Líbano y el oro, y estaba adornado con bellas esculturas y decoraciones. La construcción del templo tardó siete años en completarse y se convirtió en un símbolo de la riqueza y la gloria del reino de Salomón.

Después de la finalización del templo, Salomón lo dedicó a Dios con una gran ceremonia, pidiendo a Dios que lo bendijera y aceptara las ofrendas y sacrificios que se ofrecerían allí. El templo se convirtió en el centro de la adoración y la vida religiosa del pueblo de Israel.

Moraleja: *La historia de Salomón y la construcción del templo nos enseña la importancia de honrar y adorar a Dios con un lugar sagrado y bien construido. También nos recuerda la importancia de trabajar con dedicación y habilidad en las tareas que Dios nos ha encomendado, y de dar lo mejor de nosotros en todo lo que hacemos en su nombre.*

Elías y los profetas de Baal

(1 Reyes 18)

En la historia de Elías y los profetas de Baal, Elías desafió a los profetas de Baal a un duelo en el Monte Carmelo para determinar cuál de los dioses era el verdadero. Los profetas de Baal construyeron un altar y pidieron a su dios que encendiera el fuego para quemar el sacrificio. Sin embargo, nada sucedió, y Elías se burló de ellos.

Luego, Elías construyó su propio altar, colocó un sacrificio en él y lo cubrió con agua. Luego, oró a Dios para que encendiera el fuego, y de repente, una gran llama descendió del cielo y quemó el sacrificio. El pueblo de Israel se arrepintió de su adoración a los falsos dioses y reconoció al Dios de Elías como el verdadero Dios. Después de este evento, Elías fue perseguido por el rey Acab y su esposa Jezabel, quienes se enojaron con él por desafiar a los profetas de Baal. Sin embargo, Dios protegió a Elías y lo guió a través de muchos otros desafíos y victorias.

Moraleja: *La historia de Elías y los profetas de Baal nos enseña que Dios es el único verdadero Dios y que no debemos adorar a falsos dioses. También nos recuerda la importancia de mantener nuestra fe incluso cuando enfrentamos oposición y persecución, y de confiar en Dios para protegernos y guiarnos en todos los aspectos de nuestras vidas.*

Eliseo y la viuda

(2 Reyes 4:1-7)

Ua mujer viuda se acercó a Eliseo, el profeta de Dios, porque estaba en deudas y le iban a quitar a sus hijos como esclavos. Eliseo le preguntó qué tenía en su casa, y ella respondió que solo tenía un poco de aceite.

Eliseo le dijo que reuniera todos los recipientes que pudiera, incluso los vacíos, y los llenara con el aceite. La viuda hizo lo que Eliseo le dijo, y milagrosamente el aceite se multiplicó, llenando todos los recipientes y permitiéndole pagar sus deudas.
Este milagro no solo ayudó a la viuda en su momento de necesidad, sino que también demostró la capacidad de Dios para proveer en momentos de crisis y su deseo de ayudar a aquellos que buscan su ayuda.

Moraleja: *La historia de Eliseo y la viuda nos enseña la importancia de tener fe en Dios y confiar en Él incluso en momentos de crisis. También nos recuerda que, aunque nuestras necesidades pueden parecer pequeñas, Dios tiene el poder de transformarlas y proveer todo lo que necesitamos.*

Daniel en el foso de los leones

(Daniel 6)

Daniel era un hombre fiel y justo que trabajaba para el rey de Babilonia. Sin embargo, sus envidiosos colegas lo acusaron falsamente ante el rey, y fue condenado a ser lanzado en un foso de leones.

A pesar del peligro, Daniel confió en Dios y continuó orando en público. A la mañana siguiente, el rey se acercó al foso de los leones y encontró a Daniel ileso, protegido por un ángel enviado por Dios.

El rey se sorprendió y se alegró, y reconoció la grandeza del Dios de Daniel. El rey luego sacó a Daniel del foso y lo honró por su fidelidad y confianza en Dios.

Moraleja: *La historia de Daniel en el foso de los leones nos enseña la importancia de tener fe en Dios y confiar en Él incluso en los momentos más difíciles. También nos recuerda que Dios tiene el poder de protegernos y ayudarnos en todas las situaciones, y que nuestra fidelidad y obediencia a Él serán recompensadas.*

El sueño de Nabucodonosor
(Daniel 2)

Nabucodonosor fue un poderoso rey en la antigüedad que tuvo un sueño muy especial. En su sueño, vio una gran estatua hecha de diferentes metales. Luego, una piedra sin manos cayó del cielo y destruyó la estatua.

Dios usó al profeta Daniel para interpretar el sueño. Daniel explicó que la estatua representaba diferentes imperios que gobernarían en la tierra, y la piedra sin manos representaba el reino de Dios que vendría a gobernar sobre todos los demás.

Moraleja: *La moraleja de esta historia es que Dios tiene un plan para el mundo y siempre prevalecerá sobre cualquier otro poder o imperio. Debemos confiar en Dios y buscar su guía en nuestras vidas para vivir de acuerdo con su voluntad.*

Los tres jóvenes en el horno de fuego

(Daniel 3)

Había una vez tres jóvenes llamados Shadrach, Meshach y Abednego que vivían en Babilonia. Un día, el rey Nebuchadnezzar ordenó que todos adorasen una imagen de oro que había hecho. Pero los tres jóvenes no querían adorar la imagen, porque ellos servían a un Dios verdadero y no a una imagen hecha por el hombre.

El rey se enojó mucho y ordenó que los tres jóvenes fueran echados en un horno de fuego ardiente. Los jóvenes confiaron en su Dios y supieron que él los protegería. Cuando llegaron al horno, los soldados abrieron las puertas y se sorprendieron al ver a cuatro personas en el interior, además de los tres jóvenes. Una de las personas era un ángel enviado por Dios para protegerlos.

El rey Nebuchadnezzar se dio cuenta de que los jóvenes confiaban en su Dios y que él los protegía, y se arrepintió de haberlos echado en el horno de fuego. Los sacó y les dio libertad para servir a su Dios.

La **moraleja** de esta historia es que debemos tener fe en nuestro Dios y confiar en él, incluso en los momentos difíciles. También nos muestra la importancia de la amistad y cómo podemos apoyarnos unos a otros en tiempos difíciles.

La reina Esther y la salvación de los judíos

(Daniel 3)

Esta es una historia sobre una reina llamada Esther y cómo ella salvó a su pueblo, los judíos. Había una vez una reina llamada Esther que vivía en Persia. Era una mujer hermosa y valiente, y estaba casada con el rey Asuero. Sin embargo, el rey no sabía que Esther era judía.

Un día, un malvado oficial llamado Hamán decidió matar a todos los judíos de Persia. Hamán estaba enojado con un judío llamado Mardoqueo, que se negó a adorarlo. Hamán decidió vengarse matando a todos los judíos del reino.

Esther supo de estos planes y se dio cuenta de que tenía que hacer algo para salvar a su pueblo. Se reunió con el rey y le contó que ella era judía. El rey se sorprendió, pero estaba dispuesto a ayudar a Esther.

Juntos, Esther y el rey planearon un plan para detener a Hamán y salvar a los judíos. El rey hizo un decreto que protegía a los judíos y ordenó que Hamán fuera ejecutado.

Gracias al valor y la sabiduría de Esther, los judíos fueron salvados. La gente celebra esta victoria todavía hoy, durante la fiesta de Purim.

La **moraleja** de esta historia es que debemos estar dispuestos a luchar por lo que es justo, incluso cuando está en peligro nuestra vida o la de nuestro pueblo. También nos muestra que la unidad y la amistad son importantes para lograr nuestras metas y proteger a aquellos que amamos.

El profeta Jonás y el gran pez

Jonás era un hombre de Dios que recibió una misión especial de parte de Dios. Dios le pidió a Jonas que fuera a Nínive, una ciudad muy grande y pecaminosa, y les dijera a sus habitantes que se arrepintieran de sus pecados.

Pero Jonas no quería hacerlo. Temía que los habitantes de Nínive no lo escucharan y no se arrepintieran. Así que decidió huir en un barco en lugar de ir a Nínive.

Pero Dios tenía otros planes para Jonas. Durante una tormenta en el mar, Jonas se arrojó al agua para salvar al barco y a sus tripulantes. Un gran pez lo tragó y lo mantuvo en su interior durante tres días y tres noches.

En el interior del pez, Jonas oró y se arrepintió de su negativa a hacer lo que Dios le había pedido. Finalmente, Dios hizo que el pez lo liberara y Jonas se dirigió a Nínive.

Allí, Jonas predicó y les pidió a los habitantes que se arrepintieran de sus pecados. Sorprendentemente, la gente escuchó a Jonas y se arrepintió de sus pecados. Dios vio que habían cambiado y decidió no destruir la ciudad.

La **moraleja** de esta historia es que debemos hacer lo que Dios nos pide, incluso cuando no queremos. También nos muestra que Dios nos da una segunda oportunidad cuando nos arrepentimos de nuestros pecados y tratamos de hacer lo correcto.

Zacarías y la promesa del Mesías
(Zacarías 9:9; Miqueas 5:2)

Zacarías era un sacerdote que vivía en Jerusalén. Un día, mientras oficiaba en el Templo, fue visitado por un ángel. El ángel le dijo que su esposa, Isabel, tendría un hijo y que debía llamarlo Juan. Zacarías estaba sorprendido y no podía creerlo, porque él y su esposa eran ancianos y no podían tener hijos. Pero el ángel le dijo que Dios podía hacer cosas maravillosas.

Poco después, Isabel tuvo un hijo y lo llamaron Juan, como el ángel había dicho. Juan creció para ser un hombre piadoso y dedicado a Dios, y más tarde comenzó a predicar sobre la llegada del Mesías.

El Mesías era la persona que Dios había prometido enviar para salvarnos de nuestros pecados y traernos la paz y la justicia. Juan predicó que el Mesías estaba por llegar y que debíamos arrepentirnos de nuestros pecados y estar preparados para recibirlo.

Finalmente, el Mesías llegó en la forma de Jesús de Nazaret. Jesús hizo milagros y predicó la buena nueva del amor y la salvación de Dios. Moriría por nuestros pecados y resucitaría para darnos vida eterna.

La **moraleja** de esta historia es que debemos estar preparados para recibir al Mesías y arrepentirnos de nuestros pecados. También nos muestra la importancia de seguir a Dios y creer en sus promesas, incluso cuando parece imposible.

El nacimiento de Jesús

(Lucas 2:1-20)

Había una vez una joven llamada María que vivía en Nazaret. María era una mujer virtuosa y amaba a Dios. Un día, mientras estaba sola, fue visitada por un ángel llamado Gabriel.

El ángel le dijo a María que ella estaba destinada a tener un hijo muy especial. Este hijo sería el Mesías, la persona que Dios había prometido enviar para salvarnos. María estaba sorprendida, pero decidió confiar en Dios y aceptar su plan.

Más tarde, María viajó a Belén para registrarse para el censo. Allí, dio a luz a su hijo en un establo, porque no había lugar en el mesón. El niño fue envuelto en pañales y puesto en un pesebre.

Esa noche, los pastores que cuidaban sus ovejas en los campos cercanos vieron una estrella brillante en el cielo. Sabían que esta estrella significaba algo importante, así que fueron a ver al niño en el pesebre.

Los pastores se maravillaron al ver al niño y al escuchar las buenas noticias que los ángeles les habían dicho. Regresaron a sus ovejas y contaron a todos lo que habían visto y oído.

La **moraleja** de esta historia es que debemos confiar en Dios y estar dispuestos a aceptar sus planes, incluso cuando no entendemos lo que está sucediendo. También nos muestra la importancia de reconocer y celebrar la llegada del Mesías y de ser un buen testigo de su amor y su poder.

Los pastores y los ángeles

(Lucas 2:8-20)

Había una vez un grupo de pastores que cuidaban sus ovejas en los campos cercanos a Belén. Era una noche normal y los pastores estaban cansados después de un día de trabajo.

De repente, un gran resplandor de luz iluminó el campo. Los pastores se asustaron, pero pronto vieron que era un grupo de ángeles. Los ángeles les traían un mensaje importante.

Les dijeron que había nacido un niño en Belén que era el Mesías, la persona que Dios había prometido enviar para salvarnos. Los ángeles les dijeron que debían ir a ver al niño y contar a todos lo que habían visto y oído.

Los pastores estaban emocionados y decidieron ir a Belén de inmediato. Cuando llegaron al pesebre, vieron al niño envuelto en pañales y rodeado de sus padres, María y José. Se maravillaron al ver al niño y comprendieron que este era el Mesías.

Regresaron a sus ovejas y contaron a todos lo que habían visto y oído. La gente se emocionó al escuchar las buenas noticias y muchos fueron a ver al niño por sí mismos.

La **moraleja** de esta historia es que debemos estar atentos a los mensajes de Dios y estar dispuestos a seguir sus instrucciones. También nos muestra la importancia de ser buenos testigos y compartir las buenas noticias con los demás.

Los magos de Oriente

(Mateo 2)

Había una vez un grupo de sabios llamados magos que vivían en un país lejano. Una noche, mientras miraban las estrellas, vieron una estrella brillante en el cielo. Los magos supieron que esta estrella significaba algo importante y decidieron investigar.

Después de mucho viajar, los magos llegaron a Jerusalén y preguntaron a los líderes religiosos sobre la estrella. Les dijeron que el Mesías, la persona que Dios había prometido enviar, había nacido en Belén.

Los magos decidieron ir a Belén para ver al niño. Cuando llegaron, encontraron a Jesús, que había nacido en un pesebre. Los magos le ofrecieron regalos de oro, incienso y mirra, que eran simbolos de realeza, adoración y sacrificio.
Después de ver al niño, los magos regresaron a su país por un camino diferente, porque Dios les había advertido en un sueño que no debían volver a informar a Herodes, el rey, sobre el niño.

La **moraleja** de esta historia es que debemos estar dispuestos a seguir las señales de Dios y buscarlo con todo nuestro corazón. También nos muestra la importancia de adorar a Jesús y ofrecerle nuestros regalos más valiosos.

La presentación de Jesús en el templo

(Lucas 2:22-38)

Después de que Jesús nació en Belén, María y José lo llevaron a Jerusalén para presentarlo en el Templo, como lo exigía la ley judía. En el Templo, encontraron a un hombre llamado Simeón, que era un hombre justo y piadoso.

Simeón había estado esperando ver al Mesías, la persona que Dios había prometido enviar para salvarnos. Cuando vio a Jesús en brazos de María, supo que este era el Mesías.

Simeón bendijo a Jesús y a sus padres, y les dijo que Jesús traería luz a muchos que vivían en tinieblas y que sería una señal de contradicción para muchos. También les dijo a María que ella sufriría por causa de Jesús, pero que finalmente encontraría la paz.

Después de la presentación en el Templo, María y José regresaron a Belén con Jesús. A partir de ese momento, Jesús creció para ser un hombre sabio y piadoso, y comenzó su ministerio para ayudar a las personas y enseñarles sobre el amor de Dios.

La **moraleja** de esta historia es que debemos estar dispuestos a presentar a Jesús ante los demás y reconocer su papel como el Mesías. También nos muestra la importancia de confiar en Dios y estar preparados para aceptar su plan, incluso cuando es difícil.

La huida a Egipto

(Mateo 2:13-23)

Después de que Jesús nació en Belén, Herodes, el rey de Judea, se enteró de la noticia y temió por su trono. Así que decidió matar a todos los niños menores de dos años en Belén, para asegurarse de que Jesús no lo amenazara.

Pero Dios advirtió a María y José en un sueño que debían huir a Egipto con Jesús para protegerlo. Así que, en la noche, María, José y Jesús huyeron a Egipto y se escondieron allí hasta que Herodes murió.

La huida a Egipto fue un viaje peligroso y difícil, pero María y José confiaron en Dios y protegieron a Jesús. Finalmente, cuando Herodes murió, Dios les dijo en otro sueño que regresaran a su hogar en Nazaret.

La **moraleja** de esta historia es que debemos estar dispuestos a hacer lo que Dios nos pide, incluso cuando es difícil o peligroso. También nos muestra la importancia de confiar en Dios y proteger a nuestros hijos.

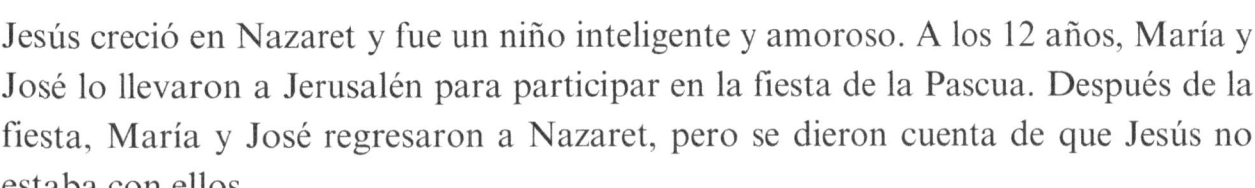

Jesús en el templo a los 12 años

(Lucas 2:41–52)

Jesús creció en Nazaret y fue un niño inteligente y amoroso. A los 12 años, María y José lo llevaron a Jerusalén para participar en la fiesta de la Pascua. Después de la fiesta, María y José regresaron a Nazaret, pero se dieron cuenta de que Jesús no estaba con ellos.

Paniqueados, regresaron a Jerusalén y lo encontraron en el Templo, hablando con los maestros religiosos y sorprendiéndolos con su sabiduría y conocimiento. María y José estaban asombrados y preocupados, pero Jesús les dijo que estaba haciendo la voluntad de su Padre en el cielo.

Desde ese momento, Jesús comenzó a hacer milagros y a enseñar sobre el amor y la verdad de Dios. La gente estaba impresionada por su sabiduría y su amor, y comenzaron a seguirlo y a escuchar sus enseñanzas.

La **moraleja** de esta historia es que debemos estar dispuestos a hacer la voluntad de Dios, incluso cuando es diferente a lo que esperamos. También nos muestra la importancia de buscar y encontrar a Dios en nuestras vidas y de compartir su amor y verdad con los demás.

El bautismo de Jesús

(Mateo 3:13-17; Marcos 1:9-11; Lucas 3:21-22)

Jesús había comenzado su ministerio y había estado viajando por Galilea, enseñando y haciendo milagros. Un día, decidió ir a las orillas del Jordán para ser bautizado por Juan el Bautista.

Juan era un hombre justo y piadoso que había sido enviado por Dios para preparar el camino para el Mesías. Juan bautizaba a la gente para que se arrepintieran de sus pecados y se convirtieran a Dios.

Cuando Jesús llegó, Juan intentó resistirse y decir que Jesús no necesitaba ser bautizado, pero Jesús le dijo que era necesario cumplir con toda justicia. Así que Juan bautizó a Jesús en el río Jordán.

Después del bautismo, el cielo se abrió y una voz del cielo dijo: "Este es mi hijo amado, en quien me complazco". La gente que estaba cerca se maravilló al escuchar esta voz y vieron cómo una paloma se posaba sobre Jesús.

La **moraleja** de esta historia es que debemos estar dispuestos a seguir los pasos de Jesús y ser bautizados para demostrar nuestro amor y compromiso con Dios. También nos muestra la importancia de escuchar y obedecer la voz de Dios en nuestras vidas.

Las tentaciones de Jesús

(Mateo 4:1-11; Marcos 1:12-13; Lucas 4:1-13)

Después de que Jesús fue bautizado, el Espíritu Santo lo llevó al desierto para ser tentado por el diablo. El diablo trató de hacer que Jesús renunciara a su misión y a su amor por Dios, ofreciéndole cosas tentadoras como la riqueza, el poder y la fama.

Pero Jesús resistió las tentaciones, confiando en su relación con Dios y en su misión. Cada vez que el diablo le ofreció algo, Jesús respondió con las Escrituras y rechazó la tentación.

Finalmente, el diablo se fue y los ángeles vinieron a cuidar a Jesús. Desde ese momento, Jesús continuó con su ministerio, enseñando y haciendo milagros, y demostrando su amor y compromiso con Dios.

La **moraleja** de esta historia es que debemos estar preparados para resistir las tentaciones y confiar en Dios y en su plan para nuestras vidas. También nos muestra la importancia de conocer y obedecer las Escrituras para ayudarnos a resistir las tentaciones.

Jesús llama a sus discípulos

(Mateo 4:18-22; Marcos 1:16-20; Lucas 5:1-11)

Después de que Jesús fue bautizado, el Espíritu Santo lo llevó al desierto para ser tentado por el diablo. El diablo trató de hacer que Jesús renunciara a su misión y a su amor por Dios, ofreciéndole cosas tentadoras como la riqueza, el poder y la fama.

Pero Jesús resistió las tentaciones, confiando en su relación con Dios y en su misión. Cada vez que el diablo le ofreció algo, Jesús respondió con las Escrituras y rechazó la tentación.

Finalmente, el diablo se fue y los ángeles vinieron a cuidar a Jesús. Desde ese momento, Jesús continuó con su ministerio, enseñando y haciendo milagros, y demostrando su amor y compromiso con Dios.

La **moraleja** de esta historia es que debemos estar preparados para resistir las tentaciones y confiar en Dios y en su plan para nuestras vidas. También nos muestra la importancia de conocer y obedecer las Escrituras para ayudarnos a resistir las tentaciones.

Las bienaventuranzas

(Mateo 5:1-12; Lucas 6:20-26)

Jesús fue un gran maestro y enseñó muchas cosas importantes a sus seguidores. Un día, mientras estaba en una montaña, les dio un sermón sobre la bienaventuranza. Les dijo que las personas que eran pobres en espíritu, que tenían hambre y sed de justicia, que eran misericordiosos, que tenían un corazón puro, que trabajaban por la paz y que eran perseguidos por su fe en Dios, eran bienaventuradas.

Les dijo que estas personas recibirían una gran recompensa en el cielo y que Dios estaría con ellas en todo momento. Les dijo que debían seguir estos valores y que debían ser luz para el mundo, mostrando el amor y la verdad de Dios a todas las personas.

La **moraleja** de esta historia es que debemos buscar ser personas bienaventuradas, siguiendo los valores y la enseñanza de Jesús. También nos muestra la importancia de ser una luz para el mundo y de ayudar a los demás a encontrar la paz y la felicidad en Dios.

Jesús sana a un paralítico

(Mateo 9:1-8; Marcos 2:1-12; Lucas 5:17-26)

Había un hombre llamado Mateo que llevaba mucho tiempo enfermo y no podía moverse. Él oía hablar de Jesús y de sus milagros, y quería conocerlo y ser sanado. Un día, sus amigos lo llevaron a Jesús, esperando que pudiera ayudarlo. La gente estaba tan apretada en la casa donde Jesús estaba hablando que los amigos de Mateo tuvieron que subir al techo y abrir un agujero para bajar a Mateo ante Jesús.

Cuando Jesús vio la fe de Mateo y de sus amigos, le dijo: "Hijo, tus pecados te son perdonados". La gente se sorprendió y se preguntó quién era Jesús para perdonar pecados. Pero Jesús les dijo que debían creer en él y que podía sanar al paralítico. Entonces, le ordenó a Mateo que se levantara y caminara, y Mateo se levantó y caminó, sanado de su enfermedad.

La gente se maravilló y alabó a Dios por este milagro. Y Mateo, agradecido, siguió a Jesús y se convirtió en uno de sus discípulos.

La **moraleja** de esta historia es que debemos tener fe en Jesús y creer en su poder para sanarnos y perdonarnos. También nos muestra la importancia de ayudar a los demás y de compartir el amor y la verdad de Dios con el mundo.

La pesca milagrosa

(Lucas 5:1-11)

Después de que Jesús resucitó, se reunió con sus discípulos en la orilla del mar de Galilea. Un día, les dijo que subieran a un barco y que fueran a pescar.

Los discípulos habían estado pescando toda la noche, pero no habían atrapado nada. Pero cuando Jesús les dijo que echaran las redes al agua, lo hicieron y atraparon tanta cantidad de peces que las redes estaban a punto de romperse.

Los discípulos estaban asombrados y reconocieron que Jesús era realmente el Mesías. Se dieron cuenta de que había resucitado y que estaba allí con ellos, y se sintieron bendecidos y agradecidos.

La **moraleja** de esta historia es que debemos confiar en Jesús y hacer lo que él nos pide, incluso cuando parece que no tiene sentido. También nos muestra la importancia de reconocer a Jesús en nuestras vidas y de seguirlo con fe y amor.

La resurrección de Lázaro
Juan 11:1-44

Había una vez un gran maestro llamado Jesús, quien enseñaba a muchas personas en una colina. La gente estaba muy emocionada de escucharlo hablar y aprender de él. Pero la gente había caminado muchos kilómetros para escucharlo y comenzaron a tener hambre.

Los discípulos de Jesús le dijeron que la gente necesitaba irse para conseguir comida, pero Jesús dijo que no, que ellos deberían darles algo de comer. Un niño que estaba allí tenía cinco panes y dos peces, que Jesús tomó y bendijo antes de repartirlos entre la multitud.

Increíblemente, todos comieron hasta saciarse, y todavía sobraron doce canastas llenas de comida. La gente estaba asombrada y agradecida por la generosidad y el milagro de Jesús.

Moraleja: A veces, lo que parece imposible es posible cuando compartimos lo que tenemos. Además, Jesús nos enseña la importancia de ayudar a los demás y ser generosos, incluso si no tenemos mucho. Al compartir y ayudar a los demás, podemos hacer una gran diferencia en la vida de las personas y traer alegría y felicidad a los demás.

La alimentación de los 5,000

Mateo 14:13-21

Un gran grupo de personas que seguían a Jesús y querían escuchar sus enseñanzas. Pero se habían quedado sin comida y no tenían nada para comer. Entonces, Jesús les preguntó si tenían algo de comida y un niño ofreció lo que tenía: cinco panes y dos pescados.

Jesús tomó los panes y los pescados, dio gracias a Dios por ellos y los partió. Luego les dio a los discípulos para que los repartieran entre la multitud. Increíblemente, todos comieron hasta saciarse y todavía sobraron doce canastas llenas de sobras.

Moraleja: No importa cuán pequeña sea tu contribución, si confías en Dios, Él puede usarla para hacer cosas increíbles y ayudar a muchas personas.

Jesús camina sobre el agua

Mateo 14:22-33

Había una vez un profecta llamado Jesús, que tenía muchos seguidores. Un día, sus seguidores lo vieron caminando sobre el agua en el mar. Estaban muy sorprendidos y asustados, pensando que era un fantasma.

Pero Jesús les dijo que no tuvieran miedo, que era él. Entonces, uno de sus seguidores llamado Pedro le preguntó si podía caminar sobre el agua también. Jesús le dijo que sí, y Pedro comenzó a caminar hacia él.

Sin embargo, Pedro comenzó a tener miedo y dudar, y comenzó a hundirse en el agua. Jesús lo ayudó a volver a la superficie y le dijo que confiara en él y no tuviera miedo.

Moraleja: Podemos sentir miedo o dudar de nosotros mismos, pero si confiamos en Dios y en nosotros mismos, podemos hacer cosas increíbles. También nos enseña que la fe y la confianza son importantes, y que cuando confiamos en Dios, él nos ayudará en todo lo que hagamos.

La transfiguración de Jesús
Mateo 17:1-13

Había una vez un gran maestro llamado Jesús, que tenía muchos seguidores. Un día, Jesús llevó a tres de sus seguidores, Pedro, Santiago y Juan, a una montaña alta.

Allí, Jesús comenzó a brillar y su ropa se volvió blanca como la nieve. Entonces, aparecieron Moisés y Elías, dos grandes profetas de la Biblia, y hablaron con Jesús. Los seguidores de Jesús estaban asombrados y no sabían qué hacer. Pedro dijo que construiría un monumento para Jesús, pero una nube apareció y una voz desde la nube dijo: "Este es mi Hijo amado. Escúchenlo".
Los seguidores de Jesús entendieron que Jesús era especial y que era importante escuchar sus enseñanzas y seguir sus palabras.

Moraleja: Jesús es el Hijo de Dios, y que si lo escuchamos y seguimos sus enseñanzas, podemos vivir una vida feliz y llena de amor. También nos enseña la importancia de escuchar y seguir a aquellos que nos guían en el camino correcto, y que debemos confiar en ellos y en Dios para guiarnos en nuestro camino de vida.

La oración del Padre Nuestro

Mateo 6:9-13

Había una vez un gran maestro llamado Jesús, que enseñaba a muchas personas sobre el amor y la bondad de Dios. Un día, uno de sus seguidores le preguntó: "Maestro, ¿cómo debemos orar?".

Jesús respondió con una oración que se conoce como el Padre Nuestro. Esta oración enseña a los seguidores de Jesús a dirigirse a Dios como Padre, y a pedir por las cosas que necesitan.

La oración dice así:

"Padre nuestro que estás en los cielos, santificado sea tu nombre. Venga tu reino. Hágase tu voluntad en la tierra como en el cielo. Danos hoy nuestro pan de cada día, y perdona nuestras deudas, como también nosotros perdonamos a nuestros deudores. No nos dejes caer en tentación, y líbranos del mal. Amén."

Moraleja: La oración es una forma de comunicarse con Dios, y que debemos hablar con él de corazón. La oración del Padre Nuestro nos enseña a pedir por las cosas que necesitamos, como el pan de cada día y el perdón de nuestras faltas. También nos enseña la importancia del perdón y la compasión, y que debemos tratar a los demás de la misma manera en que deseamos ser tratados.

La parábola del sembrador

Mateo 13:1-23

Había una vez un gran maestro llamado Jesús, que enseñaba a muchas personas sobre el amor y la bondad de Dios. Un día, Jesús contó una historia que se llama la parábola del sembrador.

La historia dice que un sembrador salió a sembrar semillas en diferentes lugares. Algunas semillas cayeron en un camino y las aves se las comieron. Otras semillas cayeron en rocas y crecieron rápidamente, pero no tenían suficiente tierra para crecer bien. También había semillas que cayeron entre espinas y crecieron, pero las espinas las ahogaron. Finalmente, algunas semillas cayeron en buena tierra y crecieron sanas y fuertes.

Jesús les explicó a sus seguidores que las semillas eran como la Palabra de Dios, y que el terreno donde cayeron era como el corazón de las personas. Si las personas escuchaban y entendían la Palabra de Dios, entonces sus corazones serían como la buena tierra y crecerían fuertes y saludables. Pero si los corazones de las personas estaban llenos de cosas malas o no estaban abiertos a la Palabra de Dios, entonces las semillas no podrían crecer.

Moraleja: Escuchar y entender la Palabra de Dios, y permitir que entre en nuestros corazones para que podamos crecer y ser fuertes. También nos enseña que debemos cuidar nuestros corazones y mantenerlos limpios y abiertos a la bondad y la sabiduría de Dios.

El buen samaritano

Lucas 10:25-37

Había una vez un hombre que estaba viajando por un camino cuando fue atacado por unos ladrones. Lo dejaron herido y solo, sin que nadie lo ayudara. Pasaron varias personas, pero todas lo ignoraron y siguieron su camino.

Finalmente, un buen samaritano pasó por el camino y vio al hombre herido. A pesar de que no lo conocía, se detuvo y lo ayudó. Lo curó, lo llevó a un lugar seguro y se aseguró de que estuviera bien cuidado.

Jesús contó esta historia para enseñar a la gente que debemos ser buenos samaritanos y ayudar a los demás, incluso si no los conocemos o si son diferentes a nosotros. Nos enseña que no debemos juzgar a las personas por su apariencia o por lo que creemos que sabemos sobre ellas, sino que debemos tratarlas con amor y compasión.

Moraleja: Podemos ser buenos samaritanos si elegimos ayudar a los demás y mostrar bondad y compasión, independientemente de las diferencias que tengamos. Debemos tratar a los demás como nos gustaría que nos trataran a nosotros y estar dispuestos a ayudar en momentos de necesidad.

La parábola del hijo pródigo

Lucas 15:11-32

Había una vez un hombre que tenía dos hijos. El hijo menor le pidió a su padre su parte de la herencia y se fue a gastar todo su dinero en cosas frívolas. Pronto se quedó sin dinero y se encontró solo y hambriento.

Entonces decidió volver a casa y pedirle a su padre perdón y trabajar para él como un empleado. Pero cuando su padre lo vio llegar, lo recibió con los brazos abiertos y organizó una gran fiesta para celebrar su regreso.

El hijo mayor se enojó por la celebración, ya que había trabajado duro todo el tiempo y no había recibido una fiesta. Pero su padre le explicó que el regreso de su hermano menor era motivo de alegría y que siempre estaría en su casa.

Jesús contó esta historia para enseñar a las personas sobre la misericordia de Dios y la importancia del perdón y la reconciliación. Nos enseña que siempre podemos volver a Dios y pedirle perdón por nuestros errores, y que Dios siempre nos recibirá con amor y alegría.

Moraleja: Ser humildes y reconocer nuestros errores, y que siempre debemos estar dispuestos a perdonar a los demás. También nos enseña que no debemos compararnos con los demás o sentirnos envidiosos, sino que debemos estar contentos con lo que tenemos y ser agradecidos por el amor y la misericordia de Dios.

Las diez vírgenes

Mateo 25:1-13

Había una vez diez jóvenes que estaban esperando la llegada del novio para una boda. Cinco de ellas se prepararon con aceite adicional para sus lámparas, mientras que las otras cinco no lo hicieron.

Cuando el novio llegó, las cinco vírgenes que tenían suficiente aceite pudieron iluminar su camino y entrar a la boda con él. Pero las cinco vírgenes que no tenían suficiente aceite se quedaron afuera en la oscuridad.

Jesús contó esta historia para enseñar a la gente sobre la importancia de estar preparados y ser responsables. Nos enseña que debemos estar listos para cualquier situación que pueda presentarse en la vida, y que no debemos confiar en la preparación de otros.

Moraleja: Debemos ser responsables y estar preparados para las oportunidades que se nos presentan en la vida. Debemos asegurarnos de tener suficiente aceite para nuestras lámparas, lo que significa estar preparados para cualquier situación que pueda presentarse. También nos enseña que no podemos depender de los demás para nuestra preparación, sino que debemos hacer nuestra parte para estar listos para cualquier eventualidad.

La parábola de los talentos

Mateo 25:14-30

Había una vez un hombre que se fue de viaje y les entregó a sus tres siervos diferentes cantidades de talentos (una moneda de mucho valor) para que las administraran mientras él estaba fuera. A uno le dio cinco talentos, a otro dos y a otro uno.

Cuando el hombre regresó, el primer siervo le entregó cinco talentos más, el segundo le entregó dos talentos más, pero el tercer siervo le entregó solamente el talento que le había sido entregado inicialmente.

El hombre se enojó con el tercer siervo, ya que había enterrado su talento en lugar de hacer algo con él y hacerlo crecer. Pero el primer y el segundo siervo recibieron elogios por su buena administración.

Jesús contó esta historia para enseñar a la gente sobre la importancia de utilizar nuestros dones y habilidades para hacer el bien en el mundo. Nos enseña que debemos ser responsables y diligentes con los recursos que se nos confían y no tener miedo de tomar riesgos y hacer que nuestros talentos crezcan.

Moraleja: Cada uno de nosotros tiene talentos y habilidades únicas que podemos utilizar para hacer una diferencia en el mundo. Debemos ser responsables y diligentes con lo que se nos ha confiado, y no debemos tener miedo de tomar riesgos y hacer que nuestros talentos crezcan.

El rico y el insensato

Lucas 12:13-21

Había una vez un hombre rico que tenía muchos campos y cosechas. Un día decidió construir graneros más grandes para almacenar todas sus riquezas. Pero en lugar de compartir su riqueza con los demás, pensó que podría vivir feliz y cómodamente por el resto de su vida, sin preocuparse por nada más.

Pero esa misma noche, Dios se le apareció al hombre y le dijo que esa misma noche moriría. El hombre se dio cuenta de que había gastado toda su vida acumulando riquezas y no había compartido nada con los demás. Se arrepintió de sus acciones, pero era demasiado tarde.

Jesús contó esta historia para enseñar a la gente sobre la importancia de compartir y ayudar a los demás. Nos enseña que no debemos ser egoístas y acumular riquezas solo para nosotros mismos, sino que debemos ser generosos y compartir nuestras bendiciones con los demás.

Moraleja: Debemos ser agradecidos por nuestras bendiciones y compartir nuestra riqueza con los demás. No debemos ser egoístas y acumular riquezas solo para nosotros mismos, sino que debemos ser generosos y ayudar a los demás. Además, debemos recordar que la vida es breve y que debemos usar nuestro tiempo sabiamente para hacer el bien en el mundo.

La oveja perdida

Mateo 18:10-14

Había una vez un pastor que tenía un rebaño de 100 ovejas. Un día, se dio cuenta de que una oveja estaba desaparecida y se preocupó mucho. Decidió dejar las otras 99 ovejas seguras en el corral y salir a buscar a la oveja perdida.

Después de buscar por un tiempo, finalmente encontró la oveja perdida. Estaba muy feliz y aliviado de haberla encontrado. El pastor regresó al corral y celebró junto con sus amigos y vecinos, porque había encontrado la oveja perdida.

Jesús contó esta historia para enseñar a la gente sobre la importancia de cuidar de cada persona, especialmente de aquellos que están perdidos o necesitados. Nos enseña que Dios nos ama a todos y quiere que cada uno de nosotros esté seguro y protegido. Así como el pastor cuidó de su oveja perdida, Dios cuida de cada uno de nosotros y siempre está buscando a aquellos que están perdidos.

Moraleja: Cada uno de nosotros es importante para Dios, y siempre nos cuida y nos protege. Debemos tratar a todos con amor y respeto, especialmente a aquellos que están perdidos o necesitados. Además, debemos estar dispuestos a ayudar a los demás y nunca dejar a nadie atrás.

Jesús y los niños

Mateo 19:13-15

Hace mucho tiempo, vivía un hombre llamado Jesús que era muy amable y amoroso. Un día, algunas personas llevaron a sus hijos a Jesús para que los bendijera y les enseñara. Pero los discípulos de Jesús trataron de detener a los niños porque pensaban que Jesús estaba demasiado ocupado para preocuparse por ellos. Pero Jesús los reprendió y dijo: "Dejad que los niños se acerquen a mí, porque el reino de los cielos es de los que son como ellos". Jesús los tomó en sus brazos, los abrazó y les habló con amor y amabilidad.

Jesús quería enseñar a las personas que debemos amar a los niños y cuidar de ellos. Los niños son importantes y especiales para Dios, y debemos tratarlos con amor y respeto. Incluso cuando estamos ocupados o distraídos, siempre debemos recordar que los niños necesitan nuestro amor y atención.

Moraleja: Jesús nos enseñó a amar y respetar a los niños. Debemos tratarlos con bondad y cuidado, y asegurarnos de que se sientan amados y valorados. Los niños son el futuro y debemos invertir en ellos y ayudarles a crecer y florecer.

Jesús perdona a la mujer adúltera

Juan 8:1-11

Un grupo de personas acusó a una mujer de adulterio y querían castigarla. Pero Jesús les preguntó si alguno de ellos estaba sin pecado y podía lanzar la primera piedra. Todos se fueron, y Jesús le dijo a la mujer que no la condenaba y que se fuera sin pecar más. La lección es que todos cometemos errores y necesitamos ser perdonados, y que debemos tratar a los demás con amor y compasión en lugar de juzgar y condenarlos.

Moraleja: Jesús predicó de perdonar y mostrar compasión hacia los demás. En lugar de juzgar y condenar a los demás, debemos tratarlos con amor y respeto. Todos cometemos errores, y todos necesitamos ser perdonados. Si mostramos compasión y amor hacia los demás, podemos crear un mundo mejor y más amoroso.

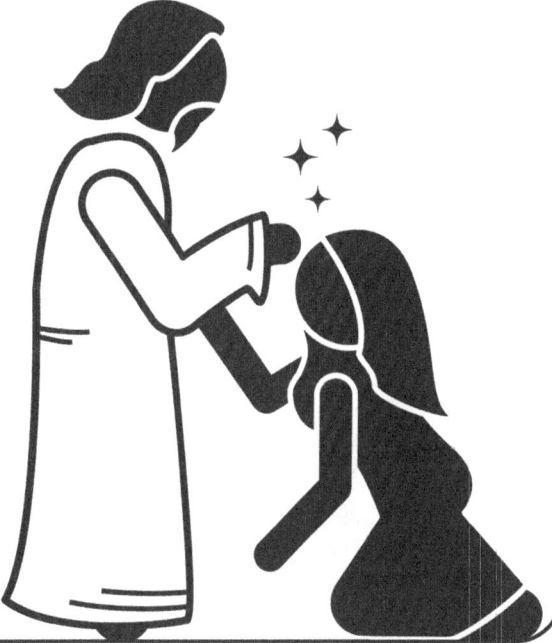

Jesús en Jerusalén

Mateo 21:1

Un día, Jesús montó en un burrito y entró en Jerusalén, mientras la gente le saludaba agitando ramas de palma y cantando. La multitud esperaba que Jesús fuera su rey y los salvara de sus problemas. Pero Jesús no quería ser un rey terrenal, sino el salvador espiritual de todos.

Moraleja: A veces queremos soluciones rápidas y fáciles a nuestros problemas, pero debemos recordar que Dios tiene un plan más grande y sabio para nuestras vidas. Debemos confiar en Él y seguir su camino. Además, la historia nos recuerda que Jesús nos enseña a amar y a servir a los demás, no a buscar poder o riqueza. Debemos tratar de seguir su ejemplo y ayudar a los demás de manera desinteresada y amorosa.

La última cena

Mateo 26:17-30

En la última cena, Jesús se reunió con sus discípulos para celebrar la Pascua. Durante la cena, Jesús tomó pan y vino, los bendijo y se los dio a sus discípulos, diciéndoles que el pan era su cuerpo y el vino su sangre, y que debían hacer esto en memoria de Él.

Moraleja: Jesús nos educó para compartir y a amarnos los unos a los otros. La última cena nos recuerda que debemos estar agradecidos por la comida y los amigos que tenemos, y que debemos compartir lo que tenemos con los demás. Además, la historia nos recuerda que Jesús se sacrificó por nosotros, para que pudiéramos tener una vida mejor. Debemos estar agradecidos por su amor y sacrificio, y seguir su ejemplo de amor y servicio hacia los demás.

La traición de Judas

Mateo 26:14-16

La historia de la traición de Judas es una triste pero importante lección para todos. Judas era uno de los doce discípulos de Jesús, pero a pesar de estar cerca de Él, decidió traicionarlo. Judas se acercó a los líderes religiosos y les ofreció entregar a Jesús por dinero.

Cuando llegó el momento de la traición, Judas identificó a Jesús con un beso y los líderes religiosos lo arrestaron. Jesús sabía que esto iba a pasar, pero no se resistió. Fue llevado ante el gobernador y condenado a muerte.

Moraleja: debemos ser leales y honestos en todas nuestras relaciones, especialmente en las que tenemos con las personas que confían en nosotros. La traición de Judas nos enseña que no debemos actuar por avaricia o egoísmo, y que debemos tratar a los demás con respeto y amabilidad. También nos recuerda que Jesús fue traicionado por uno de sus propios amigos, pero que aún así perdonó a Judas. Debemos aprender a perdonar a los demás, incluso cuando nos han herido.

Jesús en el huerto de Getsemaní

Mateo 26:36-46

La historia de Jesús en el huerto de Getsemaní nos enseña una valiosa lección sobre el valor de la perseverancia y la fortaleza en momentos difíciles. Después de la Última Cena, Jesús llevó a sus discípulos al huerto de Getsemaní para orar. Allí, Jesús sintió una gran tristeza y angustia al pensar en lo que le iba a pasar. Sabía que iba a ser arrestado y condenado a muerte.

Jesús les pidió a sus discípulos que lo acompañaran en la oración, pero se quedaron dormidos. Jesús se sintió solo y angustiado, pero no dejó de orar. Pidió a Dios que le diera la fuerza para hacer lo que tenía que hacer, aunque fuera difícil.

Moraleja: en momentos difíciles, es importante mantenernos firmes y perseverar en lo que creemos que es correcto. También nos enseña que la oración es una herramienta poderosa que nos puede ayudar a encontrar la fuerza y la fortaleza para superar los momentos difíciles. Así como Jesús perseveró en el huerto de Getsemaní, nosotros también debemos perseverar y confiar en que Dios nos dará la fuerza y la sabiduría para enfrentar cualquier situación difícil que se presente en nuestras vidas.

La negación de Pedro

Mateo 26:69-75

Pedro era uno de los discípulos más cercanos a Jesús. Un día, cuando estaban juntos, Jesús les dijo que pronto lo iban a arrestar y crucificar. Pero Pedro se negó a creerlo y dijo que lo protegería con su vida. Sin embargo, cuando los soldados llegaron a arrestar a Jesús, Pedro tuvo miedo y negó tres veces que lo conocía. Después de que el gallo cantó por tercera vez, Pedro recordó lo que Jesús había predicho y se dio cuenta de que había fallado en su promesa.

Moraleja: podemos ser valientes y prometer cosas, pero cuando llega el momento de actuar, tenemos miedo y nos fallamos a nosotros mismos y a los demás. Es importante ser honestos y reconocer cuando cometemos errores, para poder aprender de ellos y tratar de hacerlo mejor la próxima vez.

El juicio de Jesús

Mateo 26:57-68

El juicio de Jesús fue una experiencia muy difícil para él y sus seguidores. Los líderes religiosos de la época lo acusaron de blasfemia y lo llevaron ante el gobernador romano, Poncio Pilato, para que lo juzgara. Pilato no encontró pruebas de que Jesús fuera culpable, pero los líderes religiosos seguían presionándolo para que lo condenara.

Finalmente, Pilato cedió y ordenó que Jesús fuera crucificado. Jesús sabía que esto era parte de su misión en la Tierra, que debía morir para salvar a la humanidad del pecado. Pero esto no fue fácil para sus seguidores, que lo amaban y no querían verlo sufrir.

Moraleja: a veces las personas pueden ser injustas y crueles con aquellos que intentan hacer el bien en el mundo. Pero también es importante recordar que incluso en medio de la adversidad, podemos encontrar esperanza y propósito. Jesús sabía que su muerte no era el final, sino el comienzo de una nueva vida, y que su sacrificio sería recordado por siempre.

La crucifixión de Jesús

Mateo 27:32-56

Había una vez un hombre llamado Jesús que vivía en la Tierra y enseñaba a las personas a amar a Dios y a los demás. Pero algunos líderes religiosos no estaban de acuerdo con lo que Jesús decía y querían deshacerse de él.

Un día, Jesús fue arrestado y llevado a juicio. A pesar de que no había hecho nada malo, fue condenado a muerte en una cruz. Jesús fue crucificado en una colina llamada Gólgota. Muchas personas lloraron y se sintieron tristes al ver a Jesús en la cruz.

Sin embargo, la historia no termina allí. Tres días después, Jesús resucitó de entre los muertos y demostró que tenía poder sobre la muerte. La crucifixión de Jesús es una historia triste, pero nos enseña sobre el amor de Dios y cómo Jesús estaba dispuesto a sacrificar su vida por nosotros.

Moraleja: el amor y la bondad siempre triunfan sobre la maldad y la crueldad. Aunque Jesús fue condenado a muerte injustamente, su amor y su sacrificio son un ejemplo para todos nosotros de cómo debemos amar y cuidar a los demás.

La resurrección de Jesús

Mateo 28:1-10

Hace muchos años, en Jerusalén, vivía un hombre llamado Jesús que era muy especial. Él ayudaba a las personas enfermas, les enseñaba a amarse y respetarse mutuamente y les hablaba del amor de Dios.

Un día, Jesús fue arrestado y llevado a la cruz donde lo crucificaron y murió. Sus amigos y seguidores lloraban su muerte y estaban muy tristes. Pero tres días después de su muerte, algo increíble sucedió: Jesús resucitó de entre los muertos. Las personas que lo amaban se llenaron de alegría al saber que Jesús estaba vivo de nuevo.

Moraleja: la resurrección de Jesús es una historia poderosa y llena de significado. Nos enseña que aunque la vida puede ser difícil a veces, la esperanza y la fe pueden hacer milagros. Nos recuerda que el amor de Dios es más fuerte que cualquier cosa, incluso la muerte. También nos enseña que, al igual que Jesús, podemos encontrar la fuerza para superar nuestros miedos y dificultades y salir más fuertes del otro lado.

Apariciones de Jesús resucitado

Mateo 28:16-20

Después de la resurrección de Jesús, Él apareció varias veces a sus seguidores para demostrarles que había vencido a la muerte. Una de estas apariciones tuvo lugar en una playa junto al Mar de Galilea. Algunos de los discípulos de Jesús estaban allí pescando, pero no habían tenido suerte. Jesús les preguntó si habían atrapado algo y les dijo que echaran las redes al otro lado del bote. Cuando lo hicieron, atraparon tantos peces que no podían levantar la red.

Luego, Jesús les dijo que desayunaran con Él. Les sirvió pan y pescado asado en una fogata en la playa. Los discípulos se dieron cuenta de que era Jesús quien les había hablado y que Él había resucitado de entre los muertos. Fueron muy felices de ver a su maestro de nuevo.

Moraleja: la fe en Jesús puede traer alegría y esperanza incluso en los momentos más difíciles, y que Él siempre está ahí para ayudarnos y guiarnos. También nos enseña la importancia de tener fe y creer en lo que no podemos ver, porque Jesús resucitó a pesar de que parecía imposible.

La ascensión de Jesús

Marcos 16:19-20

Hace muchos años, después de que Jesús resucitara de entre los muertos, pasó 40 días en la Tierra enseñando a sus discípulos y mostrándoles que había vencido la muerte. En el cuadragésimo día, Jesús llevó a sus discípulos a un lugar llamado el Monte de los Olivos. Allí, les dijo que se quedaría con ellos por un tiempo, pero que pronto ascendería al cielo para estar con Dios Padre.

Jesús les dio a sus discípulos la tarea de continuar enseñando a la gente sobre Dios y su amor, y de predicar el Evangelio por todo el mundo. Entonces, Jesús se elevó hacia el cielo hasta que desapareció en una nube.

Los discípulos miraron asombrados hacia el cielo, pero sabían que Jesús los había dejado con una gran responsabilidad. Sin embargo, también sabían que Jesús había prometido que siempre estaría con ellos, y que algún día volvería.

Moraleja: Jesús nos ha dejado la tarea de continuar su obra en la Tierra y de compartir su amor y su mensaje con los demás. Aunque Jesús ya no está físicamente con nosotros, podemos sentir su presencia y su amor en nuestras vidas si lo buscamos con todo nuestro corazón.

La venida del Espíritu

Hechos 2:1-13

Hace muchos años, después de que Jesús hubiera muerto y resucitado, sus discípulos se reunieron en un lugar llamado el Cenáculo. Estaban tristes y asustados porque no sabían qué hacer sin Jesús. Pero un día, mientras estaban todos juntos, de repente escucharon un fuerte ruido como de un viento muy fuerte que soplaba. Y vieron lo que parecían lenguas de fuego sobre sus cabezas.

Ese fue el día en que el Espíritu Santo vino a ellos. El Espíritu Santo es una fuerza poderosa que les dio a los discípulos la valentía y la sabiduría para compartir la buena noticia de Jesús con todo el mundo. Con la ayuda del Espíritu Santo, los discípulos se sintieron llenos de amor y de fe. Y desde ese día, se dedicaron a llevar el mensaje de Jesús a todas las personas que conocían.

Moraleja: Aunque a veces nos sentimos solos o asustados, Dios siempre está con nosotros y nos envía su Espíritu para ayudarnos y guiarnos. Podemos confiar en que Dios nos dará la fuerza y la sabiduría que necesitamos para hacer lo correcto y compartir su amor con los demás.

Pedro y Juan sanan a un hombre cojo

Hechos 3:1-10

Había una vez un hombre que no podía caminar y estaba pidiendo limosna en la entrada del templo. Un día, Pedro y Juan pasaron por ahí y el hombre les pidió dinero. Pero Pedro le dijo: "No tengo plata ni oro, pero lo que tengo te doy: en el nombre de Jesucristo de Nazaret, levántate y anda".

Entonces, Pedro tomó al hombre de la mano y lo ayudó a levantarse. Y en ese momento, algo increíble sucedió: el hombre comenzó a caminar y a saltar de alegría, agradecido por su sanación.

La gente que estaba alrededor se sorprendió mucho al ver lo que había ocurrido, y Pedro aprovechó la oportunidad para contarles sobre Jesús y su poder para sanar. Y muchos de ellos creyeron en Jesús ese día.

Moraleja: Jesús puede llevar a la sanación y que podemos ser instrumentos de su amor y poder para ayudar a los demás.

La conversión de Saulo

Hechos 9:1-19

La historia de la conversión de Saulo se encuentra en el libro de Hechos de los Apóstoles en la Biblia. Saulo era un fariseo muy religioso que perseguía a los cristianos. Un día, mientras iba camino a Damasco, tuvo una visión de Jesús resucitado que lo cegó. Jesús le preguntó por qué perseguía a los cristianos y le dijo que se arrepintiera de sus acciones.

Después de la visión, Saulo se quedó ciego y fue llevado a la ciudad de Damasco. Allí, un cristiano llamado Ananías recibió una visión del Señor que le dijo que fuera a orar por Saulo. Ananías sanó la ceguera de Saulo, y Saulo se convirtió en un seguidor de Jesús.

Moraleja: cualquier persona, incluso aquellos que han cometido errores terribles, pueden encontrar la redención y cambiar sus vidas a través de la fe y la gracia de Dios. También nos enseña a no juzgar a los demás y a estar abiertos a la posibilidad de que las personas cambien.

Pedro y la visión de los animales impuros

Hechos 10:9-23

Había una vez un hombre llamado Pedro que era uno de los seguidores de Jesús. Un día, mientras estaba en oración en la azotea de una casa, tuvo una visión de una sábana que descendía del cielo con todo tipo de animales impuros en ella. Una voz le dijo que matara y comiera, pero Pedro se negó porque esos animales eran considerados impuros según las leyes judías. Pero entonces la voz le dijo que no debía considerar impuro lo que Dios había creado.

Después de esta visión, Pedro entendió que Dios no hacía distinción de personas o animales, y que todos eran amados por igual. Esto fue muy importante porque permitió que los seguidores de Jesús comenzaran a compartir su mensaje con personas de diferentes orígenes y culturas.

Moraleja: la historia es que debemos aprender a amar y aceptar a todos, sin importar de dónde vengan o cómo sean diferentes a nosotros.

El encarcelamiento y liberación de Pedro

Hechos 12:1-19

Había una vez en la antigua Jerusalén, un hombre llamado Pedro, quien era uno de los discípulos más cercanos de Jesús. Él seguía predicando el Evangelio incluso después de la muerte y resurrección de Jesús. Esto hizo que las autoridades judías se sintieran amenazadas, y decidieron encarcelar a Pedro.

La noche anterior a su juicio, Pedro fue liberado milagrosamente de la cárcel por un ángel. Cuando los guardias descubrieron que Pedro había escapado, quedaron desconcertados y asustados. Sin embargo, Pedro sabía que no había sido su propia fuerza la que lo había liberado, sino la mano de Dios que estaba con él.

Moraleja: la historia de Pedro nos enseña la importancia de confiar en Dios y su plan para nuestras vidas, incluso en momentos de dificultad. A veces, puede parecer que estamos atrapados en situaciones imposibles, pero si mantenemos nuestra fe en Dios y seguimos haciendo lo correcto, Él nos ayudará a encontrar una salida.

La misión de Pablo y Bernabé

Hechos 13:1-3

Había una vez dos hombres llamados Pablo y Bernabé que eran seguidores de Jesús. Un día, ellos recibieron una misión muy importante: llevar la buena noticia de Jesús a otras personas en diferentes lugares.

Pablo y Bernabé viajaron por muchos lugares y compartieron el mensaje de Jesús con todos aquellos que conocían. A veces, la gente se enojaba con ellos y no quería escuchar, pero otras veces, la gente se emocionaba y se convertía en seguidores de Jesús.

A lo largo de su misión, Pablo y Bernabé tuvieron muchas aventuras emocionantes y conocieron a muchas personas nuevas. Pero, lo más importante, es que ayudaron a difundir el amor y la bondad de Jesús a muchas personas en todo el mundo.

Moraleja: A veces, tenemos misiones importantes que cumplir en la vida, y aunque puede ser difícil y desafiante, si creemos en nosotros mismos y en nuestra causa, podemos hacer una gran diferencia en el mundo.

La llegada a Filipos

Hechos 16:11-15

En la ciudad de Filipos, Pablo y sus amigos encontraron una mujer llamada Lidia que vendía telas. Ella los recibió en su casa y les dio de comer y un lugar para quedarse. Lidia se sintió inspirada por la enseñanza de Pablo y se convirtió al cristianismo.

Moraleja: Las personas más amables y generosas que conocemos pueden tener un impacto duradero en nuestras vidas, y debemos ser abiertos y dispuestos a escuchar sus enseñanzas y aprender de ellas.

Pablo y Silas en la cárcel

Hechos 16:16-40

Pablo y Silas estaban predicando el evangelio en Filipos cuando fueron arrestados y encarcelados injustamente. En lugar de lamentarse, comenzaron a orar y cantar himnos a Dios en la cárcel. De repente, hubo un gran terremoto y las puertas de la cárcel se abrieron y las cadenas se soltaron. En lugar de escapar, Pablo y Silas decidieron quedarse y llevar a su carcelero a Jesús. La historia nos enseña que incluso en momentos difíciles, podemos confiar en Dios y alabarle, y que nuestra fe puede impactar a otros de maneras poderosas.

Moraleja: "Pablo y Silas en la cárcel" es que la fe y la confianza en Dios nos pueden ayudar a superar cualquier situación difícil, y que incluso en los momentos más oscuros, podemos encontrar la luz de la esperanza y la alegría a través de la oración y la alabanza. Además, la historia nos enseña la importancia de ser valientes y de predicar la palabra de Dios sin miedo, incluso cuando enfrentamos la oposición y la persecución.

El discurso de Pablo en el Areópago

Hechos 17:16-34

Un día, Pablo llegó a Atenas, una ciudad llena de ídolos y dioses falsos. En el mercado, vio que había un altar con una inscripción que decía: "Al Dios desconocido". Pablo se dio cuenta de que la gente de Atenas adoraba a muchos dioses, pero no sabían quién era el verdadero Dios.

Entonces, en el Areópago, el lugar donde se discutían las ideas, Pablo habló a la multitud acerca de Dios y de Jesús, quien había resucitado de los muertos. Les explicó que Dios no está lejos de nosotros y que Él quiere que lo busquemos y lo encontremos. Pablo les habló con amor y respeto, pero también con firmeza.

Algunos se burlaron de él, pero otros se interesaron y quisieron saber más sobre Jesús. La moraleja de esta historia es que siempre debemos buscar a Dios y seguir sus caminos, aunque esto signifique ir en contra de lo que otros creen o piensan. Debemos ser valientes y hablar la verdad, incluso si no es popular.

Moraleja: Debemos tener valor para hablar de nuestra fe, incluso cuando enfrentamos la oposición.

Pablo en Corinto

Hechos 18:1-17

Pablo, un seguidor de Jesús, llegó a la ciudad de Corinto y comenzó a enseñar a la gente sobre Dios. Al principio, algunos no lo escucharon, pero luego muchos creyeron en su mensaje y se convirtieron al cristianismo. Sin embargo, también hubo gente que se enojó y trataron de hacerle daño a Pablo. Pero él se mantuvo firme en su fe y siguió enseñando. La moraleja de esta historia es que debemos ser valientes y mantenernos fieles a nuestras creencias, incluso cuando enfrentamos dificultades y oposición.

Moraleja: A pesar de las dificultades y la oposición, es importante seguir compartiendo la palabra de Dios con valentía y confianza, sabiendo que Él está con nosotros y nos ayudará a superar cualquier obstáculo. Además, debemos estar dispuestos a aceptar la ayuda y la hospitalidad de los demás, y ser agradecidos por sus bondades hacia nosotros.

Pablo en Éfeso

Hechos 19:1-20

Pablo llegó a Éfeso y comenzó a predicar sobre Jesús. Mucha gente creyó en él y comenzaron a abandonar su adoración a dioses falsos. Pero esto molestó a los artesanos que hacían estatuas de dioses, porque estaban perdiendo dinero. Entonces, organizaron una protesta contra Pablo. Sin embargo, los líderes de la ciudad lo protegieron y Pablo continuó predicando el mensaje de Jesús.

Moraleja: Hacer lo correcto puede ser difícil y molestar a algunas personas. Pero debemos perseverar en la verdad y confiar en Dios para protegernos y guiarnos en el camino correcto.

La resurrección de Eutico

Hechos 20:7-12

En la Biblia, en Hechos 20:7-12, se cuenta la historia de la resurrección de Eutico. Eutico estaba escuchando el sermón de Pablo en una ventana en el tercer piso de un edificio. Pero se quedó dormido y se cayó de la ventana, lo que le causó la muerte. Pero Pablo oró por él y Eutico volvió a la vida.

Moraleja: La historia de la resurrección de Eutico nos muestra que incluso cuando todo parece perdido, Dios tiene el poder de traer vida y esperanza. También nos enseña la importancia de prestar atención a lo que se nos enseña y de no distraernos con cosas que pueden hacernos perder el enfoque de lo que es importante.

El naufragio de Pablo

Hechos 27:1-44

Pablo era un predicador que viajaba en barco hacia Roma. Un día, una terrible tormenta golpeó el barco y todos a bordo temían por sus vidas. Pero Pablo les dijo que no tuvieran miedo, que Dios estaba con ellos. Finalmente, el barco naufragó, pero todos llegaron a tierra sanos y salvos gracias a la protección de Dios.

Moraleja: A pesar de las dificultades y los peligros, siempre podemos confiar en la protección de Dios y su guía en nuestras vidas.

Pablo en Roma

Hechos 28:11-31

Después de enfrentar varios peligros y dificultades, Pablo finalmente llegó a Roma, pero como prisionero. Allí fue recibido por los cristianos y se le permitió vivir en una casa bajo arresto domiciliario. Pablo pasó dos años predicando el evangelio y enseñando a las personas sobre Jesús. Muchas personas se convirtieron y creyeron en el mensaje de salvación.

Moraleja: A pesar de las dificultades y obstáculos que puedas enfrentar, sigue firme en tu fe y continúa predicando el mensaje del amor y la salvación de Jesús a todos los que puedas alcanzar. Dios siempre proveerá y te guiará en tu camino.

El fruto del Espíritu

Gálatas 5:22-23

La historia del fruto del Espíritu se encuentra en la Biblia, en el libro de Gálatas 5:22-23. El apóstol Pablo describe nueve rasgos que son el fruto que el Espíritu Santo produce en las vidas de aquellos que creen en Jesús como su salvador. Estos son amor, gozo, paz, paciencia, amabilidad, bondad, fidelidad, humildad y autocontrol.

Moraleja: La presencia del Espíritu Santo en nuestras vidas nos ayuda a crecer y desarrollar características positivas que nos acercan más a Dios y nos hacen mejores personas. A través de la práctica de estos rasgos, podemos mostrar amor, compasión y bondad hacia los demás, y vivir una vida más plena y satisfactoria.

La armadura de Dios

Efesios 6:10-18

Había una vez un valiente soldado llamado Pablo que estaba enseñando a otros sobre cómo luchar contra el mal. Él les dijo que debían ponerse la armadura de Dios para protegerse de los ataques del diablo. La armadura incluía el cinturón de la verdad, la coraza de justicia, los zapatos del evangelio de la paz, el escudo de la fe, el casco de la salvación y la espada del Espíritu. Pablo les recordó que la armadura de Dios es importante para estar preparados para cualquier batalla contra el mal.

Moraleja: Al igual que un soldado necesita protegerse con una armadura para luchar en una batalla, nosotros también necesitamos protegernos con la armadura de Dios para enfrentar las dificultades y luchar contra el mal.

La fe de Abraham

Romanos 4:1-25

Había una vez un hombre llamado Abraham que amaba y confiaba en Dios. Un día, Dios le pidió a Abraham que dejara su hogar y su familia para ir a una tierra desconocida. Abraham no sabía a dónde iba, pero confiaba en que Dios lo guiaría. A medida que Abraham viajaba, Dios le hizo una promesa: tendría muchos hijos y se convertiría en el padre de una gran nación. Aunque Abraham y su esposa eran muy mayores para tener hijos, Abraham creyó en la promesa de Dios.

Después de muchos años, Abraham y su esposa finalmente tuvieron un hijo, tal como Dios había prometido. Abraham demostró su gran fe y confianza en Dios al obedecerlo, incluso en momentos difíciles.

Moraleja: Si confiamos en Dios y seguimos su voluntad, Él cumplirá sus promesas en nuestras vidas. Aunque a veces puede ser difícil, siempre podemos confiar en Él para guiarnos y protegernos.

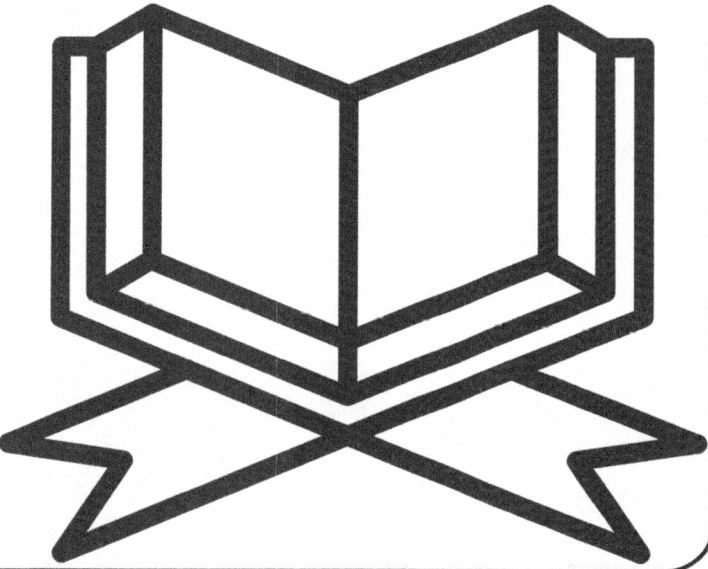

El amor de Dios

Romanos 8:31-39

Había una vez un granjero que tenía muchos animales y una familia amorosa. Un día, mientras estaban cuidando los animales, uno de los cerdos se escapó y se perdió en el bosque. La familia buscó al cerdo por todas partes, pero no pudieron encontrarlo.

Después de varios días, el granjero encontró al cerdo perdido, pero estaba muy enfermo. El granjero sabía que tenía que hacer algo para ayudar al cerdo, así que lo llevó a casa y lo cuidó con mucho amor y paciencia. Después de un tiempo, el cerdo se recuperó y se convirtió en uno de los animales más cariñosos y leales de la granja.

Moraleja: La historia del granjero y el cerdo enfermo nos muestra el amor y la paciencia que Dios tiene por nosotros. Él nos ama tanto que está dispuesto a cuidarnos y protegernos incluso cuando estamos perdidos y enfermos. Así como el granjero no abandonó al cerdo y lo cuidó hasta que se recuperó, Dios nunca nos abandonará y siempre estará ahí para ayudarnos a superar nuestros desafíos.

El himno al amor

1 Corintios 13

El himno al amor se encuentra en la Biblia, en la carta del apóstol Pablo a los Corintios. En esta carta, Pablo les explica a los Corintios que el amor es lo más importante en la vida. Dice que, aunque tengamos fe, conocimiento, poder y generosidad, si no tenemos amor, no somos nada.

Pablo describe al amor como algo paciente y bondadoso, que no se enoja ni guarda rencor. El amor siempre busca el bien de los demás y se alegra con la verdad. Además, el amor nunca falla.

Esta historia nos enseña que el amor es la clave para una vida feliz y satisfactoria. Si aprendemos a amar a los demás de manera desinteresada, siempre buscaremos su bienestar y seremos felices.

Moraleja: El amor es más importante que cualquier otro don o habilidad que podamos tener. Debemos amar a los demás sin esperar nada a cambio y hacerlo con humildad y paciencia. El amor nunca falla y siempre es la respuesta correcta en cualquier situación.

La resurrección de los muertos

1 Corintios 15

Había una vez un grupo de amigos que creían en Jesús y en la vida eterna. Un día, uno de ellos preguntó: "¿Qué pasará cuando muramos?" Los demás respondieron que creían en la resurrección de los muertos y en la vida después de la muerte. Entonces, uno de ellos explicó que un día Jesús volverá a la Tierra y que los muertos resucitarán para vivir eternamente con él en un lugar maravilloso llamado cielo.

Moraleja: Aunque no sabemos cuándo llegará ese día, podemos estar seguros de que aquellos que creen en Jesús vivirán para siempre con él en el cielo.

La nueva creación en Cristo

2 Corintios 5:17

Una vez, un hombre llamado Pablo estaba enseñando a las personas sobre Jesús. Él les dijo que cuando creemos en Jesús, nos convertimos en una nueva creación. Esto significa que nuestras viejas maneras de hacer las cosas son dejadas atrás, y podemos vivir una nueva vida en Cristo.

Pablo les dijo que Dios nos da un nuevo corazón y un nuevo espíritu cuando creemos en Jesús. Él nos ayuda a ser más amorosos, pacientes, bondadosos y amables. Podemos hacer esto porque Dios está trabajando en nosotros.

Moraleja: Cuando creemos en Jesús, podemos tener una nueva vida en él. Dios nos ayuda a ser mejores personas y a amar a los demás de la misma manera que Jesús nos amó.

La unidad del cuerpo de Cristo

Efesios 4:1-16

Había una vez un grupo de personas que seguían a Jesús y creían en él. Pero a veces, discutían y peleaban entre ellos por cosas sin importancia. Un día, un hombre llamado Pablo les escribió una carta diciéndoles que debían trabajar juntos y amarse unos a otros como si fueran una sola familia. Les dijo que aunque todos eran diferentes, como los ojos, las manos y los pies, todos eran importantes para el cuerpo de Cristo. Les recordó que, si todos trabajaban juntos, podrían hacer cosas increíbles y difundir el amor de Jesús por todo el mundo.

Moraleja: Es importante trabajar juntos y amarse unos a otros como si fuéramos una familia, porque juntos podemos hacer cosas increíbles y difundir el amor de Jesús por todo el mundo.

La fe y las obras

Santiago 2:14-26

La fe y las obras son importantes en la vida de un cristiano. Tener fe significa creer en Dios, mientras que las obras son las acciones que realizamos para demostrar nuestra fe. La Biblia nos enseña que ambas son necesarias para una vida cristiana plena. La fe sin obras es inútil, al igual que las obras sin fe. Por lo tanto, debemos esforzarnos por tener una fe viva y manifestarla a través de nuestras acciones diarias.

Moraleja: La verdadera fe siempre se refleja en nuestras acciones.

La segunda venida de Jesús

1 Tesalonicenses 4:13-18

Jesús les dijo a sus seguidores que volvería algún día. Nadie sabe cuándo será ese día, solo Dios lo sabe. Cuando Jesús regrese, vendrá con poder y gloria y todos sus seguidores lo verán. Entonces, Dios juzgará a todos los que han vivido en la Tierra y recompensará a aquellos que lo han seguido fielmente.

Moraleja: Debemos estar siempre preparados para la llegada de Jesús, viviendo según sus enseñanzas y amando a nuestros semejantes como a nosotros mismos.

La visión del trono de Dios

Apocalipsis 4

Había una vez un hombre llamado Juan, quien estaba en la isla de Patmos. En una visión, se le mostró un trono en el cielo, rodeado de criaturas poderosas y gloriosas. Desde el trono salían relámpagos y truenos, y había un arco iris alrededor del trono. El hombre se sintió abrumado por la majestuosidad del trono y las criaturas alrededor.

En la visión, Juan vio a un cordero, quien abrió un libro con siete sellos, que nadie más podía abrir. Cuando el cordero abrió el libro, comenzaron a ocurrir terribles eventos en la tierra. Pero también hubo esperanza para aquellos que seguían al Cordero y creían en Él.

Moraleja: La visión del trono de Dios nos muestra la gloria y el poder de Dios en el cielo. También nos recuerda que Dios tiene un plan y que aquellos que confían en Él tendrán esperanza en tiempos difíciles.

La nueva Jerusalén

Apocalipsis 21:1-27

En el libro del Apocalipsis, se habla de la "nueva Jerusalén", una ciudad celestial hecha de oro puro y adornada con piedras preciosas. Esta ciudad es presentada como el hogar de los fieles seguidores de Dios, quienes vivirán allí con Él por toda la eternidad.

La historia de la nueva Jerusalén es una historia de esperanza para los creyentes, ya que nos muestra que, sin importar las dificultades que enfrentemos en la vida, hay un hogar eterno preparado para aquellos que siguen a Dios. Esta historia nos enseña que debemos mantener nuestra fe y esperanza en Dios, y que, aunque enfrentemos adversidades en la vida, tenemos una recompensa maravillosa que nos espera en el futuro.

Moraleja: La Nueva Jerusalén es el hogar que Dios promete a todos aquellos que le siguen y obedecen. Debemos vivir nuestras vidas de acuerdo a la voluntad de Dios para que podamos disfrutar de la felicidad y la paz en su presencia en la eternidad.

Versos Bíblicos para Memorizar

"No temas, porque yo estoy contigo; no desmayes, porque yo soy tu Dios que te sostiene; siempre te ayudaré, siempre te sustentaré con la diestra de mi justicia."

(Isaías 41:10)

Versos Bíblicos para Memorizar

"Porque de tal manera amó Dios al mundo, que ha dado a su Hijo unigénito, para que todo aquel que en él cree, no se pierda, mas tenga vida eterna."

(Juan 3:16)

Versos Bíblicos para Memorizar

"Sé forastero y peregrino en la tierra, y no te fijes en ninguna cosa."

(1 Pedro 2:11)

Versos Bíblicos para Memorizar

"Así que, no temáis; más valéis vosotros que muchos pajarillos."

(Mateo 10:31)

Versos Bíblicos para Memorizar

"Aunque ande en valle de sombra de muerte, no temeré mal alguno, porque tú estás conmigo; tu vara y tu cayado me infundirán aliento."

(Salmo 23:4)

Made in the USA
Las Vegas, NV
22 February 2025

18533326R00063